曹操
乱世赢家

郭瑞祥 著

北方联合出版传媒(集团)股份有限公司

万卷出版有限责任公司

图书在版编目（CIP）数据

曹操：乱世赢家 / 郭瑞祥著. — 沈阳：万卷出版
有限责任公司，2023.7
ISBN 978-7-5470-6129-9

Ⅰ．①曹… Ⅱ．①郭… Ⅲ．①曹操（155–220）
—传记 Ⅳ．①K827=342

中国版本图书馆CIP数据核字（2022）第228716号

出 品 人：王维良
出版发行：北方联合出版传媒（集团）股份有限公司
　　　　　万卷出版有限责任公司
　　　　　（地址：沈阳市和平区十一纬路29号　邮编：110003）
印 刷 者：辽宁新华印务有限公司
经 销 者：全国新华书店
幅面尺寸：160mm×230mm
字　　数：250千字
印　　张：17
出版时间：2023年7月第1版
印刷时间：2023年7月第1次印刷
责任编辑：刘书吟
责任校对：张　莹
装帧设计：马婧莎
ISBN 978-7-5470-6129-9
定　　价：42.00元
联系电话：024-23284090
传　　真：024-23284448

序　言

千百年来，没有哪位历史人物像曹操一样受到这么多关注，他不仅是学术界的研究课题，而且是普通老百姓茶余饭后消遣的谈资；也没有哪位历史人物像曹操一样备受争议，从课堂教材到村夫野老，是非成败众说纷纭，拥趸贬抑针锋相对。

曹操是谜一样的人物，一千个人眼中有一千个曹操，没有人能完全窥视他的内心。

有人说曹操是忠臣。他年轻时刺杀祸害朝政的大宦官张让；董卓擅权时，他毅然与之决裂，并高举义旗，诛伐逆凶；天子落难甚至遭到遗弃时，主动奉迎献帝，并整治朝纲，恢复朝廷礼仪秩序；他一生东征西讨，平定诸侯，降服胡羌，力图重现王朝荣光；他大权在握，朝臣拥戴，却至死不愿代汉称帝。这一切，都貌似忠诚。

有人说曹操大奸。他乾纲独断，百官总己为听，甚至连皇帝身边的侍卫都换成自己的爪牙；他以汉室功臣自居，始终不愿还政于帝；他粗暴地对待皇帝，幽闭皇后，杀死皇子；他逼迫汉献帝封他为王，加九锡，一步步地掏空汉室。这一切，非奸臣不能为也。

有人说曹操爱才如命。魏种背叛他，他不杀，还任命其为河内太守；陈琳骂他，他恼怒，但还是原谅了；贾诩设计杀死他的亲人，他对贾诩却信任有加；郭嘉、程昱这些缺点明显的人，他都能容忍甚至放纵。也有人说曹操嫉贤妒能。他杀孔融，因为孔融比他贤；他杀杨修，因为杨修比他聪明；他杀许攸，因为许攸不尊重他；他更是莫名其妙地杀死崔琰、边让，让士人寒心。

有人说曹操唯才是举，用人不看出身，不重品行。也有人说曹操以德取人，主张"贤君殷勤于清良"。

有人说曹操重人贵民，他抑制兼并，大兴屯田，攻克邺城后，免除当年赋税。也有人说曹操暴虐害民，如血洗徐州，泗水为之断流。

有人说曹操谦虚。他善于听从部属的意见，不管胜利还是失败，都经常自我检讨。也有人说曹操傲慢。张松因为长得短小，被曹操蔑视，从而错失取得益州的大好机会；他不把孙权放在眼里，所以输掉了赤壁之战。

有人说曹操是儒家，刚刚迎帝都许，就着力恢复朝廷礼仪，把礼作为治国的基本手段；他赞美分封，褒忠宠贤，厉行节俭，有儒家风范。也有人说曹操属于法家，重法纪，酷刑罚，打击豪强，奖功罚劣，这些都是法家作为。

有人说曹操是英雄，攻伐诸侯，统一北方，消除边患，稳固了江山。也有人说曹操是奸雄，好用权术，为人奸诈，多疑嗜杀。还有人说曹操才能平庸，挟天子以令诸侯，毕生也没能完成统一。

曹操，就是一个矛盾的集合体，千秋功过，任人评说。

但无论怎样，都不能否认，曹操是个胸怀天下的人。

曹操最推崇周公，他在《短歌行》中写道："周公吐哺，天下归心。"所谓"天下归心"，至少有两种解释：一种是天下人心都归顺自己；还有一种是天下都在我心中。无论哪一种，都不应辜负"天下"二字。

本书从曹操着力维护汉室、平定天下到架空汉室、拥有大半天下的转变，写他不同凡响的盛大功业，写他纠结蹉跎的心路历程，刻画出一个乱世中的生动人物形象，力图拂去历史迷雾，还原一个真实的曹操，不讳尊，不虚美，不做作，不媚俗。

为使结构紧凑，本书对涉及曹操的历史资料进行了筛选，舍弃了部分对表现人物作用不大的历史事件，隐略了部分不太重要的历史人物。同时，对有关社会背景尽量在叙述事件中予以交代，没有单列章节浪费大量文字进行说明。

对曹操政治、军事之外的历史活动，特别是在哲学、租税、教育、礼制、文艺等方面的贡献，因其专业性较强、故事性较差，故本书不设专门章节进行探讨，而是尽量融合在具体的事件叙述当中，不便融合的，予以舍弃。

本书叙述的史实，主要来自《三国志》（裴松之注引）、《后汉书》、《资治通鉴》等正史著作，参考了《世说新语》等笔记小说。对于正史记载有不一致的，作者根据自己的理解进行甄别、选择，文中不一一作以说明。《三国志通俗演义》和其他文艺作品对汉末、三国的历史事实进行了加工和演义，本书只冷静地叙述真实的历史，不对史书之外的文艺作品进行对比阅读和真伪评判。

读者可以把这本书当作严肃的历史书籍去阅读，也可以当作历史故事去消遣。不管怎样，帮助您了解、认识曹操，是写作本书的唯一目的。

|目录|

序 言 / 001

第一章 做官易，做好官难 / 001

　　劣迹斑斑的任性少年 / 003

　　天下将乱，名士们的神秘预言 / 008

　　天子脚下的八面威风 / 012

　　国家的危机，个人的机遇 / 016

　　宦海沉浮不改初衷 / 022

第二章 乱世的逻辑 / 027

　　打开了乱世魔盒 / 029

　　一次以卵击石的尝试和一场风花雪月的战争 / 034

　　做自己的主宰 / 038

　　吃饭穿衣那些事儿 / 043

第三章 身在浴血，心在滴血 / 047

　　兄弟间的远交近攻战 / 049

　　阴谋与背叛 / 053

　　向兄弟背后插刀 / 057

　　带头大哥的高光时刻 / 062

第四章 奉迎天子，人生渐入佳境 / 067

　　皇帝沦落为乞丐 / 069

　　皇帝的剩余价值 / 074

　　迎帝都许，占据政治制高点 / 078

第五章 天下英雄谁敌手 / 083

　　那一夜，血雨腥风 / 085

　　"当涂高"，袁术的皇帝梦 / 088

　　有一种孤独叫找不到自己 / 092

　　衣带诏和袁术之死 / 096

第六章 这一场豪赌 / 101

　　友谊的小船说翻就翻 / 103

　　三个人的友情，两个人的阵营 / 107

　　袁氏的残余势力 / 112

　　向北，一路向北 / 118

第七章 邺城 邺城 邺城的铜雀梦 / 123

　　生前名，身后事 / 125

　　春风十里铜雀台 / 129

　　风流总被雨打风吹去 / 133

第八章 冬天里的一把火 / 137

　　荆州这块肥肉 / 139

　　战还是降，这是个问题 / 143

联盟就是力量　　/　147

那一把火，燃烧了半壁江山　　/　151

第九章　任天下人之智力，无所不胜　/　155

青青子衿，悠悠我心　　/　157

盗嫂受金又如何　　/　161

权威不容挑衅　　/　165

第十章　笑傲关中　/　171

明目张胆地假道伐虢之计　　/　173

人生总有狼狈时　　/　177

打的是心理战　　/　180

小人物的舞台　野百合也有春天　　/　183

第十一章　人生长恨水长东　/　187

退十万兵，全赖一人之力　　/　189

生子当如孙仲谋　　/　192

锦囊妙计定合肥　　/　196

不算投降的投降书　　/　200

第十二章　得失之间，是战局也是人生　/　203

汉中，与时间赛跑　　/　205

小概率事件，恃勇逞强导致的马失前蹄　　/　209

退出汉中，英雄的暮年很无奈　　/　213

裴潜的怀柔，曹彰的威名　　/　216

荆州是个火药桶 / 219

计上计，谁的计赚了谁的计 / 222

第十三章 从周公到周文王 / 227

权力嬗变的轨迹 / 229

曹操的坦率与纠结 / 233

建国晋爵的步伐快马加鞭 / 237

妻妾成群和儿孙满堂 / 241

兄弟对不起 / 245

这不是两个人的战争 / 250

最后时刻的柔软情怀 / 253

曹操年表 / 257

第一章

做官易，做好官难

劣迹斑斑的任性少年

后汉的洛阳与别处自然不同。

这里是京城，得天下之中，受大汉四百年强劲国力的滋润，此时旖旎繁华，方砖青石，蓝瓦灰墙，酒楼瓦肆，连街比邻。大街小巷之间，商贾达人络绎不绝，可谓车毂击，人肩摩，连衽成帷，举袂成幕。南来北往的客人，总被一街两行的热闹诱惑，或者热气腾腾勾人心魄的小吃，或者拐角处飘过来的菜味酒香，还有扬州的锦缎，颍川的瓷器，以及商人们从遥远西域带来的毛毡和五彩斑斓的水果。这些其他地方难得一见的宝物，在洛阳城却琳琅满目。

繁华喧闹之中，难得清静的是南大街。这里处处亭台楼阁，家家水榭曲廊。青砖蓝瓦的房屋，正脊上装饰着凤鸟和火焰珠，两端鸥尾高高翘起，仿佛想要冲上空旷的云霄。城北邙山深处飘浮过来的白云，挂在高大的榆树枝头。阳光和树荫的斑斓缝隙里，总有衣着光鲜的贵人，踱着方正沉着的脚步，登上木楼，向南眺望悠悠洛水。这洛水恬静得如一方处子，迷离得像深秀的丛林，让人远离世俗与纷争，宁静地审视内心。

这里是洛阳城的精英所在，能够在南大街购一处房产，大多是朝廷显贵或者社稷重臣。

太尉曹嵩就居住在这条街上。曹嵩，字巨高，沛国谯县（今安徽亳州）

人。裴松之注的《三国志》引用《曹瞒传》，记载曹嵩本姓夏侯，自小过继给大宦官曹腾，继承了曹家荫梓。曹家祖上是汉初丞相曹参，不过后来家道败落了。关于曹腾的父亲，裴松之注《三国志》引录司马彪《续汉书》记载叫曹节，字元伟，但唐人欧阳询等编纂的《艺文类聚》引录《续汉书》记载名曹萌。"节"的繁体字与"萌"相近，才出现这样的抵牾。大抵"曹萌"更可信些，因为曹操有一个女儿名叫曹节，按道理应当避讳才对。

曹萌是个善良的人，在乡里有仁厚礼让的名声。有一次，邻居家丢了一头猪，跟曹萌养的猪长得很像，邻居便一口咬定自己丢失的猪跑到了曹萌家。曹萌也不争辩，任凭邻居把猪逮走。后来邻居家的猪自己回来了，邻居非常惭愧，把曹萌的猪送了回来，向曹萌表达歉意，曹萌也不客气，笑笑接受了。

曹萌有四个儿子，长子伯兴，次子仲兴，三子叔兴，四子曹腾。曹腾，字季兴。曹萌想要重振祖业，无奈家里贫穷，没有条件供孩子们读书，就打发曹腾到宫里做了宦官。曹腾聪明伶俐，做事认真，勤奋学习，所以进步很快，最后居然权倾一时。《后汉书》记载："桓帝得立，腾与长乐太仆州辅等七人，以定策功，皆封亭侯，腾为费亭侯。"他参与拥立汉桓帝，得以封侯，是后汉历史上一位重要的人物。

宦官封侯，光宗耀祖，曹腾把曹家族人安置了官位，构建了盘根错节的家族势力。然而当时社会上最尊崇的是世家大族，如汝南袁氏、颍川荀氏等，宦官名声不好，家族起点又太低，虽然权势很大，社会地位却不高。

因为曹腾的关系，曹嵩顺利走入仕途，做过大司农、大鸿胪，掌管粮仓和礼仪，是"九卿"之一。曹腾死后，他又承袭了费亭侯的爵位。曹腾生前廉洁，曹嵩却很贪婪，做官几年，积攒了不少家产。

曹家在南大街的房产是最好的地段，建在洛水的一个转弯处，站在后园的楼阁瞭望，满眼波光潋滟和烟柳绿翠。

这天，曹府来了两位尊贵的客人。曹嵩并没有让歌伎献舞，也没有大摆筵席，而是在后园假山的回廊上，置一桌清淡素食，恭敬地聆听贵客的高谈阔论。因为两位贵客是天下闻名的雅士，他们好清净，好玄道，不喜喧嚣。曹嵩深知这一点，所以投其所好。

这两人，一位叫桥玄（一作乔玄），字公祖，当朝司徒。司徒与太尉、司空并称"三公"，是朝中最尊崇的职位，处于权力金字塔的最顶端。另一位叫何颙，字伯求，南阳人，是汝南当地的闲客。这何颙，原本也是官场中人，因为议论朝政，得罪了宦官，被排挤出朝。当时这样的士大夫很多，他们被宦官打击、清洗，被勒令终身不得从政，时称"党锢"。

虽然地位悬殊，但不妨碍他们私下往来，因为他们都是当世的高门望族，在社会上广有名望。

那时的社会风气就是这样，人们崇尚儒学，崇尚有学问的家族，即使他们沦落白衣，依然谈笑有鸿儒，人们把这样的家族叫作"士族"。而没有家学积淀的人，即使大权在握，也会被人从内心里轻蔑，这样的家族，最多叫作"豪强"。

曹嵩这样的出身，只能算是豪强。

桥玄和何颙这样的士族名士看不起曹嵩，不过毕竟都是朝堂上的同僚，低头不见抬头见，场面上还是要应付的，相互之间走动走动也属正常交往。

曹嵩把两位请来，是关于儿子曹操的事。

汉末流行品评人物。一些社会上有声望的名士，对年轻人进行一番评头论足，这些评语很快会不胫而走，流传到社会，直接影响到各级官员对年轻人的考察举荐，影响到他们的前程。评语也是预言，有些名士的预言往往很准，人生的道路曲曲折折，走着走着，就走进了这些预言画定的圈子。像是占卜，生辰八字报来，告诉你未来。

桥玄和何颙就具有这样的洞察力，他们的预言很多都变成了现实。

曹嵩让桥玄和何颙给自己的儿子曹操看看未来。

听到主人的要求，何颙哈哈一笑："你是说阿瞒呀，在京城里可是鼎鼎大名呀。"阿瞒是曹操的小名。桥玄也说："阿瞒我见过，那孩子可不简单哪。"

曹嵩脸上有些尴尬，洛阳人皆知阿瞒，并不是因为他知书达理、乐于上进，而是因为名声不好，在曹嵩眼里就是劣迹斑斑。

曹嵩有意改变门风，向世家望族看齐，唯一的途径就是多读书，做学问，研究儒家经典，成为满腹经纶的大家。汉代崇尚儒学，在人们的观念中，那些经史子集才是正经学问，是济世之道、治国之策。然而曹操却天生坐不住，喜欢舞枪弄棒。即使读些书籍，也杂芜旁类，全盘吸收，要么兵法韬略，要么乐府古诗，尤好法家规章，全然没有正形儿，孔孟之道倒成了辅助点缀。

曹操不仅不留心学问，还放荡不羁，不讲礼仪，整天同世家公子混在一起，游荡社会。他交好的小伙伴有袁绍、张邈、许攸、伍琼、王俊等。这些人仗着有钱，吃喝玩耍，飞鹰走狗，经常干一些出格的事。比如有一次，曹操和袁绍竟然去偷别人家的新娘。他们跳进人家的院子里，大喊大叫，新人家以为来了贼，纷纷跑出去抓贼，洞房里正剩下软弱无力的新娘，这二人趁乱潜入洞房，背着新娘就走。因为走得急，心里虚，竟然跑到了灌木丛中。

多年之后，曹操回忆自己的青少年生活，有诗写道：

自惜身薄祜，
夙贱罹孤苦。
既无三徙教，
不闻过庭语。

"薄祜"指福气不多；"三徙教"用了孟母三迁的典故，孟子的母亲为了教育好儿子，曾三次搬家；"过庭语"是父亲教育儿子的典故，孔子的儿子孔鲤从院子里走过，孔子把他叫住让他读背《诗》《礼》。曹操在这首诗里，把自己小时候不美满的生活归结于没有父亲教导、母亲疼爱。无论什么原因，这时候的曹操看起来就是一个没有教养的孩子。

他胆大妄为，即使权贵也不放在眼里。后汉宦官和外戚轮流把持朝政，宦官的权力都很大，当时朝中最有权势的是宦官张让。曹操虽然出于宦官之家，但受社会主流观念影响，骨子里又看不起宦官，更不愿认同宦官专政。有一天晚上，他居然潜入张让家去行刺，结果被家丁发现，多亏他武艺高强，十几个家丁愣是没能奈何他，最后他舞着手戟越墙逃出，全身而退。

　　曹操经常在外面闯祸，他叔父知道后告诉曹嵩，让曹操吃了许多皮肉之苦。曹操想办法离间父亲和叔父的关系。一次在路上碰到叔父，装着嘴喝眼斜的样子。叔父很奇怪，问他怎么了。曹操欺骗叔父说中风了。叔父向曹嵩询问详情，曹嵩大吃一惊，连忙把曹操喊来，只见他相貌如常，没有丝毫中风的迹象。曹嵩问起缘故，曹操说："叔父平素不喜欢我，所以才说我坏话。"曹嵩将信将疑，从此开始疏远兄弟。直到很长时间之后，才知道是曹操在其中捣的鬼。

　　对这个不求上进、老是闯祸的儿子，曹嵩实在是看不上，却又没什么办法，只好睁一只眼闭一只眼，难得清净。但毕竟是自己的儿子，已经行过冠礼，算成人了，也该混个一官半职。眼下老家沛国正在举孝廉，曹嵩疏通了关系，还不放心，又把两位高人请来，造造声势。况且自己也很好奇，这个不听话的儿子将来会是怎样的货色。

天下将乱，名士们的神秘预言

"我把犬子唤来，让两位大人看看。"曹嵩说完，吩咐下人去前院招呼曹操过来，见过两位名士。

不一会儿，曹操走进后园。只见这个年轻人，个子不高，眼睛细长，脸庞瘦削，皮肤黝黑，乍看其貌不扬。但仔细看来，又觉面色沉郁，英武逼人。虽然有贵客在座，他却步履沉稳坚毅，没有丝毫的慌乱和紧张，举手投足间，透露着豪爽和大气。

曹操，字孟德，小名阿瞒，还有一个小名叫吉利，汉桓帝永寿元年（155）出生。古代称人年龄皆用虚岁，这一年，曹操二十岁。

相互见过，两人让曹操坐下，要曹操介绍一下自己的情况。通过交谈，二人了解到，曹操读书，所学甚杂，尤其是法家、兵家，如数家珍。而且，曹操对当今社会也有独特见解，他认为朝廷当务之急是解禁"党锢"，不拘一格使用人才，形成百家争鸣、百舸争流的局面，同时要严明法纪，重塑社会正义。

曹操少年意气，知道桥玄、何颙都是正直清流之人，才敢将胸中抱负一吐为快。曹嵩却从未听到过儿子的高谈阔论，在一旁目瞪口呆……

桥玄、何颙击节叫好。曹操的修为和品行，很适合在乱世里脱颖而出，他们都想到了这一点。何颙素来直爽，大笑道："汉室将亡，安天下者必此人也！"自从丢了官职之后，他说话更加口无遮拦。

"嘘——"曹嵩吓了一跳，忙制止何颙。

桥玄皱了皱眉，天下大乱这事，有点眼光的人都能看得出来，但却没有几个人敢于直言说出来。桥玄口气缓和一些，算是对何颙的矫正："现在宦官当权，大兴党狱，我们这些三公九卿，形同摆设，长此下去，天下恐怕真的要乱了。"

曹嵩倒吸一口凉气，连桥玄都说天下将乱，自己竟然没有看出来，名士就是名士，果然有远见。

"那么，这乱世里，阿瞒将如何？"曹嵩问。

"天下将乱，非命世之才不能济也，能安之者，其在君乎？"桥玄面向曹操，以问代答。

这是多么高的评价呀，意味着将来能够出将为相，安国济民，成为世人所重的杰出人才，从来没有人这样高看过曹操，连曹操自己都被感动了。曹操曾经无数次梦想过成为命世之才，但没有人告诉他可以，今天，他终于找到了信心！

桥玄甚至把自己的后事托付给曹操："我已经老了，将不久于世，你要帮我照看好妻子儿女。"只有莫逆之交，才能对他这么放心。由此可见，桥玄对曹操的器重超出了常人。

这之后，何颙成为曹操倾心交往的朋友。桥玄身份既尊，也常常指点和教导曹操，两人算是亦师亦友。桥玄去世后，建安七年（202），曹操东征刘备，班师凯旋。率军经过故乡谯县时，离睢阳（今属河南商丘）桥玄墓不远，特地到墓前以太牢礼祭祀，并写了一篇长长的祭文：

　　故太尉桥公，诞敷明德，泛爱博容。国念明训，士思令谟。灵幽体翳，邈哉晞矣！

　　吾以幼年逮升堂室，特以顽鄙之姿，为大君子所纳。增荣益观，皆由奖助，犹仲尼称不如颜渊，李生之厚叹贾复。士死知己，怀此无忘。

又承从容约誓之言："殂逝之后，路有经由，不以斗酒只鸡过相沃酹，车过三步，腹痛勿怪。"虽临时戏笑之言，非至亲之笃好，胡肯为此辞乎？匪谓灵忿，能诒己疾，怀旧惟顾，念之凄怆。奉命东征，屯次乡里，北望贵土，乃心陵墓。裁致薄奠，公其尚飨。

大意是说：前太尉桥公美德广布，博爱宽容，我幼年能够跟您亲近，受您款待，增添了荣誉，提高了身价，您的奖掖扶助让我受益匪浅。士为知己者死，至死不敢忘记您的知遇之恩。您曾经与我誓约："我死以后，如果你路过我墓前，不以斗酒只鸡相祭祀，那么车行过三步让你肚子疼，可别怪我。"虽然是一时玩笑，但不是至亲好友，谁会说这样的话呢？现在祭祀您，不是害怕肚疼，而是感念过去的情谊，内心凄凉悲怆。如今我奉命东征，驻扎在家乡，北望您的故土，心里想到您的陵墓。送上一些菲薄的祭品，希望您享用吧！

祭文情深意挚，发自肺腑，感人至深。

正如祭文所说，桥玄对曹操的帮助可谓不遗余力。为了提高曹操的知名度，他又推荐一位名士，让曹操前去拜访他。

这个人叫许劭，字子将，汝南平舆（今河南平舆县）人。许劭是一位职业的品评家、鉴赏家，常常召集几个同好，在一起专门品评人物或者字画。每月初一，把品评结果发布出来，时人称为"月旦评"。

许劭的品评结果在当时影响很大，能够得到他的评语，就像得到了跻身上流社会的敲门砖，身价倍增。

曹操拿着桥玄的推荐信去见许劭，许劭斜着眼打量曹操一番，把他轰了出去，拒绝对他做出评价。曹操完全没有想到会是这样，有些气愤，犟脾气上来了，非要问个所以然。这样三番五次，搅得许劭无法正常办公，甚至无法正常生活，只好做出让步，给曹操写了个两句话的评语。

据《后汉书·许劭传》记载，许劭的评语是："君清平之奸贼，乱世之英雄。"

裴松之注《三国志·武帝纪》引东晋人孙盛《异同杂语》则记述，许劭的评语是："子治世之能臣，乱世之奸雄。"

后一句评语广为传播，至今仍家喻户晓。

"奸雄"二字，基本代表了千百年来对曹操的定位。

那么，这么精准的评语，许劭为什么一开始不愿意向曹操出具呢？有人说曹操出身低，品行不好，许劭看不上他。这种说法站不住脚。能够成为"能臣"或者"奸雄"，出身已然不重要，作为专业的品评人员，许劭更应该关注将来，而不是纠结出身。况且许劭品评的人物中，比如汝南人樊子昭，只是个小商贩，但许劭并没有嫌弃他。

出于道德的原因拒绝品评，也不可能。许劭曾经品评袁术："袁公路其人豺狼，不能久矣。"豺狼之人尚且不避讳，怎么会避讳奸雄呢？

从职业来说，能碰到这样的人物找上门来，也算是品评者的幸运吧。事实证明，假如没有对曹操的这次品评，许劭恐怕也很难留名后世。

细究起来，许劭不愿轻易评价曹操，大概有两个原因。第一，需要观察。许劭也非神人，不可能第一次见面就给出一个精准的预言。他通过再三拒绝曹操，来观察曹操的反应，如果曹操轻易知难而退，肯定是半途而废之人。曹操这样死乞白赖，用尽手段，反而是能成大事之才。第二，越是重要的评语，越要"千呼万唤始出来"，这样才能引起当事人和社会的重视。就像刘备历尽艰辛三顾茅庐，才更加珍视诸葛亮的才华。

许劭不肯品评曹操，恰恰说明他对曹操的重视。

奸雄，指通过操弄权术称霸天下的人。得到这样的评语，显然不是赞美或者褒扬。但在当时也并不十分邪恶，因为混迹官场，怎能不用权术？当时的儒家道德并不像宋、明之后那样苛刻。

曹操本人很高兴，他觉得，手段并不重要，结果才值得珍惜。《魏晋世语》记载，曹操听到"奸雄"这一评语后"大笑"。

他就是要做一个胸怀天下的人。

这一年，是汉灵帝熹平三年（174）。十年后，黄巾起义，天下大乱。

天子脚下的八面威风

很快，家乡沛国谯县举孝廉的结果就出来了，曹操果然被推举为孝廉。

举孝廉是汉代的官员选拔制度，后来被九品中正制和科举制代替。孝指孝敬父母，廉指节俭清廉，汉代重视从品行上选拔人才，所以才有举孝廉这样的制度。朝廷和地方上有专人负责推举工作，全凭他们的主观意志。时间长了，所谓推举，就是看面子、递条子、走路子、数票子，穷家寒族根本没机会进入这个圈子。

像曹操这样被人诟病的年轻人，轻而易举地被推举为孝廉，自然有其家族的功劳。即使父亲很讨厌他，在儿子前途的问题上也不会放任不管。

做了孝廉，就具备了做官的资格。但能不能做上官，还要看有没有人推荐，有没有人使用。

曹操谋得的第一个职位是郎。郎又叫郎官，最低级的郎官称为山郎，负责在宫廷的殿门外执戟宿卫，轮流当值。郎是做官的实习阶段，先熟悉朝廷事务，为正式做官做准备。郎是苦差事，没有自由，不允许擅自离开宫殿，也没有多少休假。

如果这样一直干下去，不知道曹操还有没有出头之日。

幸亏有人看中了他。这人叫司马防，河内温县人，时任洛阳县令，是京城的直接管理者。京城是皇亲国戚聚集的地方，权贵当道，人员庞杂，各种地痞无赖横行，县令最头疼的是社会治安。司马防看中曹操豪爽侠义，为人正直，敢于担当，非常适合管理京城秩序。他举荐曹操为洛阳北部尉。尉是最低一级的实职官员，负责治安、军事。一般的县设一个尉官，洛阳享京师之尊，面积大，人口多，需要分片管理，所以尉官的职数比较多。洛阳北部尉，相当于洛阳北部的警长。

司马防是曹操的伯乐、恩人。四年后，他生下第二个儿子，取名司马懿，和曹操及其子孙有着扯不断理还乱的旷世恩仇。曹操被封魏王后，专门把司马防请到自己的封地邺城，热情款待，酒酣耳热之际，曹操问司马防："你看我现在去做洛阳北部尉合适吗？"司马防也毫不客气，回敬道："你那个时候，正适合北部尉这个岗位。"二人谈话比较随意，可见心无芥蒂，曹操对司马防充满了感激之情，对这第一任官职也印象深刻，比较满意。而司马防对推荐曹操担任这个职位也感到自豪。

曹操十分珍惜这个岗位。面对严峻的治安形势，他食不甘味，睡不安枕，立志在低微的工作岗位上实践胸怀天下的理想。

治安最大的问题莫过于权贵肆意妄行，犯了禁令，没人敢管，时间长了，法纪形同虚设。曹操到位的第一件事，就是申明法纪，树立权威。他让工匠制作了数十根五色大棒，悬挂在衙门口两侧，昭示市民，有敢犯令者，棒杀！

五色棒是曹操的发明，把红、黄、绿、白、黑五种颜色涂在棒上，让大棒色彩更醒目，触目惊心。五色棒象征着威严，起到震慑的作用。后世用五色棒代指严苛执法。

考验如期而至。

中国至宋代之前，一直都有城市晚上一般不允许人随便出门的传统，称为"宵禁"，后汉的洛阳城也不例外。

据《曹瞒传》记载：一天夜里，有个人公然违犯禁令，在大街上大摇大摆地行走，被曹操的手下逮个正着。这人不但不服法，还大骂不止，格外嚣张。原来，这人名叫蹇图，是当朝大宦官蹇硕的叔父，所以才敢如此仗势。

汉灵帝刘宏能够继位，得益于外戚。他即位后，宦官发动政变，铲除外戚势力，控制了朝政。汉灵帝一朝，宦官飞扬跋扈，权势极盛。而蹇硕，又是汉灵帝最为宠信的宦官。

按照曹操刚刚颁布的禁令，当棒杀蹇图。这无疑是虎嘴捋须，风险极大。如果是常人，定然大事化小、小事化了，甚至借此机会，巴结奉承，以图做个进身之阶。但曹操一心成就大事业，就是要为常人不敢为之事，于是毫不留情，用五色棒将蹇图打死。

五色棒显示了它的威力。

这一棒杀，起到了杀一儆百、杀鸡儆猴的功效，京师权贵没有人敢再公然违犯禁令了，洛阳北部一片肃然，治安状况大为好转。后来曹操无论带兵，还是执政，都用重典管人，有法家之风，在第一任官职期间，即已看出端倪。

曹操因此名声大振。整个洛阳城中，无论是朝中大臣，还是贩夫走卒，都知道有位耿直无私、不怕得罪权贵的北部尉曹操。平民百姓将其视为正义化身，正直开明的官吏对他交口称赞，肆意妄为、仗势欺人之徒则闻之胆寒。

蹇硕并没有因为这事公开报复曹操。历史上没有找到蹇图的其他史料，可见他跟蹇硕关系并不亲密，甚至没有能通过蹇硕谋取像样的官职。况且，曹操也是大宦官的后代，人际关系还是有的，想要公开报复也不太容易。不过，曹操这样的作风让权贵们胆寒，权贵们并不希望身边有这样一个尖刺，他们找了个机会，把曹操明升暗降，打发到顿丘（今河南清丰县）做了县令。

曹操做顿丘令时间不足一年，同样表现不俗。他在给儿子曹植的书信《戒子植》中回忆说："吾昔为顿丘令，年二十三，思此时所行，无悔于今。今汝年亦二十三矣，可不勉欤！"那一年，曹操已经六十岁，花甲之年不言悔，可见在顿丘也成就卓然。

不久，宫廷之中发生一件事，波及了曹操。汉灵帝的皇后宋皇后不得宠，为人构陷，被打入冷宫，郁愤而死。宋皇后死后，宦官们对其家族进行清算，其兄濄强侯宋奇被诛杀。宋奇是曹操的堂妹夫，宦官们以此为由，株连曹操，罢免了他的官职。

曹操无事可做，回到家乡谯县闲居。

是年，为汉灵帝光和元年（178），曹操二十四岁。

国家的危机，个人的机遇

在家赋闲期间，曹操经常和曹家同族曹仁、曹洪，以及夏侯同宗夏侯渊、夏侯惇等聚在一起，或者健身强体、修炼武艺，或者议论朝政、臧否大臣。曹氏和夏侯氏都佩服他的见识，愿意跟着他匡扶大汉日益倾颓的大厦。

蛟龙终非池中物。仅仅两年，又有大臣举荐曹操，拜为议郎。

议郎也是郎官的一种，不过属于郎官中比较高的等级，比山郎工作要轻松许多，主要职责是讨论朝廷具体事项，给皇帝出主意，不需要执勤守卫，秩比六百石。

"秩"的原意指官员的俸禄，后引申为官员的品级。在汉代，官员的具体品级用"石"去标示，比如品级最高的"三公"，秩万石；其次是"九卿"，秩二千石；往下依次递减。"石"是容量单位，又称斛。秩万石并不意味着俸禄真的有一万斛粮食，其实每月只有三百五十斛谷米。秩比六百石，次于六百石的秩级，月俸为五十至六十斛谷米，或者一部分货币、一部分谷米。

按秩级算，县令不过四百石。曹操被罢官复出，官级未降反升。可见，曹操做官的口碑，以及曹家两代在朝中的经营，还是有很大的影响力。

议郎的岗位，虽然不像洛阳北部尉、顿丘县令那样有较大的自由裁量权，但曹操还是尽心职守，绝不敷衍了事。他选择了当时最敏感的话题作为突破口，向朝廷直言进谏。

窦武是汉桓帝的国丈，他征召名士，为官清正，拿出自己的俸禄救济太学生和平民。他还为"党锢"首领求情，使桓帝对他们从轻发落，在士大夫中有很高的威望。汉灵帝初年，窦武辅政，迁大将军，与太傅陈蕃商量剪除宦官。不料消息泄露，宦官率先动手，挟持灵帝，诏令驻京部队讨伐窦武，窦武兵败自杀，陈蕃也被杀害。

曹操旧事重提，向灵帝上书，陈述窦武等人为官正直而遭陷害，致使奸邪之徒充满朝廷，忠良之士没有进身之路。曹操直接把矛头指向宦官，对灵帝也颇有指责，虽然言辞恳切，但被灵帝束之高阁，如石沉大海，没有回音。

翻历史旧案不成，曹操就直接针砭时政。中国历朝历代都有"民谣""谶语"流行，如秦朝时方士向秦始皇进献一本谶语书，预言"亡秦者，胡也"；秦末陈胜起义时，从鱼肚里得到谶言"大楚兴，陈胜王"。这些民谣、谶语有预言的作用，历来受到统治者重视。光和五年（182），灵帝大赦天下，并诏令公卿根据流传的民谣检举为害百姓的地方官。民谣反映了民意，这理所当然是一件非常得民心的举措。但汉末腐败已经无孔不入，太尉许彧、司空张济负责此事，他们和宦官串通一气，收受贿赂，不去查处那些民愤极大的宦官亲属、私党，反而借机打击报复，陷害忠良，致使二十六名清廉而有政绩的官员受到制裁。司徒陈耽上书向灵帝说明情况，结果被宦官诬陷，死于狱中。

恰在这时，各地天灾不断，太后住的永乐宫也发生大火。古人迷信，认为天灾是上天对朝廷失政的提醒和迁怒。曹操抓住这个机会，上书谴责公卿举奏不实，蒙蔽圣听，形成冤案。汉灵帝这次采纳了他的建议，一方面将曹操的奏章发给许彧、张济，责备他们失职，另一方面将那些蒙受冤屈被检举的官员恢复名誉，二十六人都拜为议郎。

然而，像这样被采纳的建议很少。汉朝就像一座年久失修的房屋，摇摇欲坠，一场暴风骤雨足以使它崩裂塌陷。曹操这些有识之士，只能为它添块砖，加片瓦，但于事无补。

很快，这场风暴如期而至。

汉灵帝光和七年，公元184年，黄巾大起义爆发。

黄帝是传说中上古时代的领袖，天下大治之后，寻真访隐，希冀长生不老；老子是春秋时代思想家，主张修身养性，无为而治。后世有人推崇二人，并称"黄老"，至后汉后期创立了宗教实体，即道教。道教到汉末渐渐昌盛，产生许多流派，"太平道"即其中一种。

太平道由巨鹿人张角创立。张角通过太平道蓄养弟子，教弟子用符水为百姓治病，渐渐有更多百姓信奉太平道，信徒达到数十万，几乎遍布全国各个州。他们打着宗教的旗号，暗自发展势力，这是中国历史上第一次利用宗教进行起义，再加上汉末腐败的政治环境，对这种势力的发展竟然毫无察觉、毫无压制，任凭坐大。

中平元年（184）为甲子年，太平道在全国各地同时起事。张角打出"苍天已死，黄天当立，岁在甲子，天下大吉"的口号，把汉王朝比作苍天，把太平道比作黄天。信徒们头戴黄巾作为统一标志，自称"黄巾军"。

张角和弟子们把起事的时间约定在三月初五，但有门徒报告给了官府，张角当然不能坐以待毙，便在二月提前举起了大旗，中国历史上第一场规模宏大的宗教起义拉开了帷幕。

黄巾军声势浩大，仅一个月，就席卷全国七州二十八郡，各地州、郡纷纷沦陷，官吏抵抗不住，要么被杀，要么逃走，天下顿时一片混乱。形势最为严峻的，是冀州的巨鹿、豫州的颍川和荆州的南阳。

汉灵帝急忙调兵遣将，一方面，任命皇后的哥哥何进为大将军，镇守京师，派兵严防死守京师各个要隘关口，确保京师安全。另一方面，发兵镇压各地叛乱，由卢植负责北方战线，皇甫嵩及朱俊各领一军，讨伐颍川一带的黄巾军。

在政治上，汉灵帝也采取了一些措施。一是解除"党锢"，大赦党人，借此争取士大夫的支持，避免被弃用、镇压的士大夫投靠黄巾军。二是采纳刘焉的建议，用宗室、重臣为州牧，赋予他们行政权力和军事权力，以便于调动地方积极性，打击黄巾军。

汉朝建立以来，行政上实行郡、县两级制度，另划分十三个州，设立刺史监督郡县，但不是严格意义上的行政区划，没有治权。经历这次"废史（刺史）立牧（州牧）"变革，"州"成为一级政府和战区，可以调动军事力量和行政力量，对当时及以后的政治产生了重大影响。这项变革在镇压黄巾军上确实发挥了作用，同时也为军阀割据提供了便利，为三国群雄并起创造了政治条件。实施过程中，有些州改成了"牧"，有些州还称"刺史"，称呼很乱。

起初，汉军镇压行动并不顺利。

北方战线，张角率领的黄巾军活捉了皇家宗室安平王和甘陵王，杀掉了幽州刺史郭勋。卢植军队到后，张角退守广宗县城（今河北威县东），卢植准备攻城，这时汉灵帝派宦官来监军，宦官与卢植之间出现矛盾，诬陷卢植作战不尽力。汉灵帝听信谗言，免除了卢植的职务，还把卢植装进囚车，押送回洛阳，然后拜董卓为东中郎将，接替卢植。但董卓到冀州后战败。

颍川战线，黄巾军首领名叫波才，朱俊和波才交手，失败。皇甫嵩和朱俊一起退守长社（今河南长葛东北），被波才围困。黄巾军势力很大，汉军兵少，众寡悬殊，形势危急。

在南阳，黄巾军在张曼成率领下，打下郡治宛城，杀掉了郡守。

消息传到洛阳，朝廷震恐。这时候，颍川战线最为吃紧，需要紧急救援。派谁去呢？因为曹操自幼喜读兵书，武功高强，加上在地方上任职时雷厉风行，是个做将军的材料。朝廷决定委曹操以重任，拜为骑都尉，领兵救援皇甫嵩。

再说皇甫嵩在长社被困，观察黄巾军依靠草地结营扎寨，不由得心生一计。等到晚上，夜黑风高，皇甫嵩派奇兵出城，点燃黄巾军营地周围的杂草。风助火势，黄巾军营寨顷刻之间笼罩在熊熊火海之中。这时，曹操恰巧赶到，和皇甫嵩、朱俊夹击，冲入敌阵。黄巾军大乱，四处逃散，被剿灭万余人。

颍川的胜利鼓舞了汉军，灵帝派朱俊移师南阳，皇甫嵩转战河北，此后汉军节节胜利，黄巾军渐成颓势。不久，张角病死，他的兄弟们和重要将领也先后阵亡或者逃逸，黄巾起义失败。黄巾军余下部队散开来继续作战，有的占山为王，有的流窜为寇，一直坚持战斗到曹操基本统一北方。

长社之战，是曹操第一次率兵打仗。虽然他不是主将，但展现了才能，积累了声望，已隐隐显示出大将风采，而且因为有功被封为济南国相。

汉代除了郡县，还分封一些皇子为王，把郡改称为国，享有这个地方的赋税权，没有治权，中央另派官吏管理王国政事，称为国相。国相实质上就是王国的郡太守。国相秩二千石，等级仅次于"九卿"，曹操在官位上又进一层。

镇压黄巾军中，还有一些人物值得一提。

吴郡人孙坚，字文台，武艺高强，十七岁那年曾单刀擒海盗，威名远播。黄巾起义时虚岁三十，任下邳县丞。朱俊围剿波才部时，听闻孙坚威名，上书召孙坚为佐军司马。孙坚招募一千士兵，随朱俊南征北战，作战悍猛，战功卓著，被朝廷任命为别部司马。孙坚是三国中吴国的奠基人之一。

刘备是年二十四岁，字玄德，涿郡（今河北涿州）人。刘备是汉景帝之子中山靖王刘胜的后裔，祖父官至东郡（今河南濮阳）范县县令，父亲早亡，刘备与母亲以织席贩履为生。据《三国志》中表述，刘备长相奇特，两手下垂能摸到膝盖，两眼能看见自己的耳朵，相面的人说这是人主之相。辽西人公孙瓒年轻时居住在涿郡岳丈家里，和刘备要好，他们一起拜同郡大儒卢植为师。但刘备不怎么爱读书，喜欢狗、马、音乐和好看的衣服，喜欢结交豪杰。黄巾起义爆发，刘备在自己的家乡招募一些勇士，其中包括河东关羽、同郡张飞。刘备带着这支军队投入到校尉邹靖的朝廷队伍中，因讨贼有功，被封为安喜县尉。县尉在县里负责治安，跟曹操第一个官职洛阳北部尉类似，是个很小的官，秩二百石。不过，刘备出身布衣，能够得到这样的官职，也算是捞到了"第一桶金"。刘备后来建立了三国中的蜀汉。

三国奠基人、创始人曹操、孙坚、刘备，都是因黄巾起义而发迹。

宦海沉浮不改初衷

曹操到哪里都能风生水起。在济南国相任上，他主要干了两件事。

第一件事是整饬吏治。

济南国下辖十余县，县里的长官大多在中央里找后台，依附权贵，横行乡里，贪赃枉法，无所顾忌。曹操的前任们，不敢管，管不住，只好睁一只眼闭一只眼，得过且过。整个济南国吏治乌烟瘴气，百姓苦不堪言。曹操了解这一情况后，刚一上任，就对十多个县的县令、县丞、县尉等县官长吏一一排查，凡是口碑不好、老百姓怨声载道的官吏，奏明朝廷，一律免职。"于是奏免其八"，十分之八的县级长官丢掉公职，在当地引起极大震动。一些没有调查到的贪官污吏闻风而逃，躲到其他郡不敢回来。

由是，济南国政教大行，安宁太平。

第二件事是禁断淫祀。

淫祀指过多过滥的祭祀。古人很重视祭祀，除了祭祀祖先，还要修庙立祠，祭祀带给老百姓福祉的先贤。古人祭祀很讲究规矩，哪些人物能够祭祀，配享什么规格的祭祀，以及祭品多寡，都有定数，属于"礼"的范畴。祭祀了不该祭祀的人，或者逾越了祭祀规格，都属于淫祀。淫祀违反礼制，在儒教治国的汉代，是官方所不允许的。

济南国归属青州，青州地面上，西汉时曾经有个王国叫城阳国，是汉高帝刘邦的孙子刘章的封地。西汉开国皇帝刘邦死后，吕后乱政。刘章在诛灭吕氏中有大功，被封为城阳王。当地百姓立祠纪念刘章，周边也跟着效仿，慢慢地立祠建庙的风气愈演愈烈。到曹操任济南国相时，仅济南国就有祠庙六百多所。这些祠庙，有些纪念刘章，还有些祭祀奸邪鬼神，一些土豪劣绅还借机为自己祖上立祠，标榜祖上功德。祭祀逾越礼制，带来很多问题。比如，祭祀活动频繁，影响了正常的生产生活；再比如，祭祀时要举行各种娱乐活动，耗费人力物力；又比如，借修祠祭祀搞摊派，加重民众负担。总之，淫祀之风愈烈，百姓愈穷。

曹操对立祠祭祀进行了规范。"皆毁坏祠屋，止绝官吏民不得祠祀。"凡属过多过滥、逾越规格的淫祀，一律摧毁清除。这是一狠招，民风好转了，也断了当地豪绅的财路，打击了他们的威望。"及至秉政，遂除奸邪鬼神之事，世之淫祀由此遂绝。"这一政策在曹操执掌国家大权后继续推行，过多过滥的祭祀得到遏制。

整饬吏治冒犯了权贵，禁绝淫祀得罪了豪绅，都是重槌擂响鼓。从洛阳北部尉到济南国相，他怀揣匡扶汉室、理济天下的理想，不畏豪强，不拘世俗，就是为了建立声誉，做好官，做能臣。在汉末污浊的政治空气中，曹操无疑是一颗皎洁的新星，让世人看到希望，也让同僚为之侧目。尽管他从政时间不长，却积累了威望，受到朝廷和当权者的关注。

但是，曹操所有的努力最多只能造福一个地方，无法改变全国日益腐烂的趋势，并且他的所作所为很难被别人接受，遭遇的阻力也越来越大。曹操明白凭自己的努力很难改良社会，他在思考，自己应该做一个怎样的人，通过什么样的途径才能拯救日薄西山的后汉政权，他需要找到一条新路，一条有更大作为的道路。三年后，他审时度势，提出辞去济南国相，回到京城在宫里做些差事。但朝廷没有满足他回京的要求，而是把他调任东郡太守。

东郡，治所在当今的河南濮阳。东郡太守与济南国相平级，从地理位置来看，东郡比济南离京师洛阳还要近些。有人认为这次调动是宦官的打击报复，但似乎难以成立。

事实上，曹操从济南国相调任东郡太守，确实是受到了提拔和重用，因为他的老父亲曹嵩此时正春风得意，中平四年（187）十一月，他花一亿钱捐了个太尉，至此走上自己政治生涯的最高峰。曹操朝中有人，断不至于受到公开的打压和排挤。

然而曹操拒绝了这个职位，托病不就。朝廷没有办法，把他调到京城，继续任职议郎这个闲差，曹操还是拒绝了。这一次，他干脆告归乡里。

很多人不理解曹操在风头正劲的时候选择了归隐。其实，曹操在辞去济南国相的时候，已经表露了心迹，他"乞留宿卫"。宿卫是宫禁中值宿、担任警卫的人，以曹操秩二千石的职级，肯定不会像刚入职时做个山郎，一定是一个比较高的带兵的职位。曹操其实在委婉地表露自己的愿望，希望担任军职，在军队里做事。

乱世里，带兵才是保障，曹操高瞻远瞩，那个时候已经看清了未来。

曹操在乡里隐居期间，打算远离政治，认真读一些书充实自己，从书本中寻找救国救亡的道理。他在谯县东五十里盖了一座房子，躲进小楼成一统，管他春夏与秋冬。然而树欲静而风不止，他并没有能远离是非。约在中平五年（188），冀州刺史王芬、南阳许攸、沛国周旌见灵帝昏聩，密谋乘灵帝外出巡视，武力挟持，另立合肥侯为新帝。他们找到曹操，想拉曹操入伙。曹操是年三十四岁，政治经验日趋成熟，认为王芬此谋难以成功，即便成功，也必然引起全国大乱，这不是曹操愿意看到的结果。他拒绝了王芬，并写信告诫说：

> 夫废立之事，天下之至不祥也。古人有权成败，计轻重而成
> 之者，伊尹、霍光是也。伊尹怀至忠之诚，据宰臣之势，处官司
> 之上，故进退废置，计从事立。及至霍光受托国之任，藉宗臣之
> 位，内因太后秉政之重，外有群卿同欲之势，昌邑王即位日浅，
> 未有贵宠，朝之谠人，议出密近，故计成如转圜，事成如摧朽。

> 今诸君徒见曩昔之易，未睹当今之难。诸君自度：结众连党，何
> 若七国？合肥之贵，孰若吴、楚？而造作非常，欲望必克，不亦
> 危乎！

伊尹是商初政治家，先后辅佐成汤、外丙、仲壬、太甲、沃丁五代君主。传说太甲昏聩暴虐，伊尹将其放逐成汤墓地附近的桐宫，他本人代为摄政。太甲守桐宫三年，愿意改过从善，伊尹又还政于他。霍光是汉昭帝、汉宣帝时权臣。昭帝驾崩，霍光迎昌邑王刘贺即位，刘贺淫乱无道，霍光奏请皇太后废除了他。后世将霍光与伊尹并称为"伊霍"，以"行伊霍之事"代指权臣摄政废立皇帝。所谓"七国""吴楚"，指的是汉景帝时的"七国之乱"，其中"吴楚"是七国中的挑头者，后来被朝廷镇压。

这封信的大意是说：废立之事，是天下最不吉利的事情。只有像伊尹、霍光这样有声望的重臣领头，朝中大臣齐心协力，宫廷里有太后这样主事的人支持，才能取得成功。现在谋划废立的势力，连"七国之乱"时几个诸侯王都比不上。这种情况下，打算废掉现任皇帝，那是活得不耐烦了。

可惜王芬没有听从曹操的劝告。汉灵帝的曾祖封河间王，在河间国有产业，汉灵帝想要到河间巡视，正好属于冀州地盘，这确实是动手的好机会。当然，调动军队动静大，被察觉事情就难以成功了。王芬便上书，借口附近的黑山地区（今河南河北交界处）有黄巾军余部出没，请求出兵围剿。汉灵帝虽然荒淫，但并不弱智，很快意识到这是阴谋！于是下诏王芬不得用兵，同时派部队征讨，王芬自知阴谋败露，便自杀了。

曹操一贯反对轻易废立皇帝，后来董卓废少帝，立献帝，他也反对。他官居丞相后，权力无边，但从没有起废立之心。

汉灵帝深感地方诸侯已经形同心异，不能信任了。于是是年八月，在京师组建了一支新的军事力量，直接隶属于皇帝，称西园新军。新军设置八个校尉统领，以大宦官蹇硕为上军校尉，虎贲中郎将袁绍为中军校尉，其他还有下军校尉、典军校尉、左校尉、右校尉等。又以蹇硕为元帅，八

校尉虽各有军队，但皆受统领于蹇硕，蹇硕对其他各部有节制权，甚至大将军何进也归蹇硕统领。

汉灵帝征召曹操为典军校尉，曹操如愿以偿得以进入军队，掌握军队，便没有推辞，愉快地赴任了。典军校尉直属于蹇硕领导，可见地位之重。

曹操再次出仕的另一个原因，是他的父亲曹嵩因为应对黄巾军余部不力，于中平五年（188）四月被罢免太尉一职，回老家谯县居住。一家人不能全部乡居，否则真的就在政治上和官场上失去话语权了。

西园新军组建后，还没有发挥作用，朝廷中就连续发生几件大事，这几件事，为汉室敲响了丧钟。

第二章

乱世的逻辑

打开了乱世魔盒

中平六年（189），对于大汉帝国乃至中国历史，都是一个十分重要的年份。

四月，灵帝崩。灵帝有两个儿子，长子刘辩和次子刘协。刘辩为何皇后所生，刘协为王贵人所生。灵帝在世时，因为嫡长子刘辩"轻佻无威仪，不可为人主"，所以一直犹豫没有立太子。及至弥留之际，托付大宦官蹇硕照顾刘协。蹇硕想立刘协为帝，何皇后和哥哥、大将军何进想立刘辩为帝，蹇硕代表着宦官集团，何皇后和何进代表着外戚和朝臣集团，双方为此展开了殊死的较量。

袁绍、曹操虽然归属于蹇硕的西园新军，但他们内心反对宦官干政，都站到了何进一方，袁绍进入西园新军前，曾是何进部下，他和异母弟袁术此时都成了何进的心腹。

第一回合，蹇硕想要先除掉何进，派人请何进入宫议事。不料何进提前得知了蹇硕的阴谋，称病不入，带军队立于宫门外。蹇硕虽名义上是元帅，但直接掌握的部队少，迫于压力，只好同意立刘辩。十四岁的刘辩即位为少帝，尊母亲何皇后为皇太后，临朝听制；何进辅政。弟刘协封陈留王。这一回合，何进胜。

第二回合，蹇硕输了一局，自身安全岌岌可危。他的基本盘在宫中，想要联络宦官们进行反扑，不料所找非人，他找的宦官出卖了他。何进先发制人，捕杀了蹇硕。第二回合依然是何进胜。

蹇硕虽然死了，但宦官势力还在，较量远未结束。

第三回合，何进控制朝政后，担心宦官报复，入宫请示何太后，建议将中常侍以下的宦官机构全部罢黜。中常侍本是官名，侍从皇帝左右，管理一些公众事务，兼领卿署。到了后汉，皆由宦官担任，秩比二千石，实际上成了皇帝的左膀右臂，权力遮天。罢黜中常侍，意味着宦官不再掌权，宦官的威胁就小多了。但何太后常年生活在宫中，宦官就是身边人，她认为蹇硕已死，没有必要株连其他宦官，坚决不同意何进的建议。这一回合，双方胶着。

第四回合，袁绍劝何进尽诛宦官，他回顾了后汉宦官和外戚斗争的历史，得出结论说，如果不消灭宦官，最终会为宦官所害。他认为何进统率天下之兵，这是上天的眷顾，机不可失。在具体策划上，袁绍建议"多召四方猛将及诸豪杰，使并引兵向京城，以胁太后"。用武力向何太后逼宫，迫使她同意诛杀宦官。

曹操听到袁绍的建议后，感到十分可笑，说：宦官是历来就有的，除掉几个首恶分子就行了，不需要全部杀掉。并且诛杀宦官不需要太多的武力，交给狱吏就能办到。现在兴师动众，召外地将领进京，必然走漏风声，这样反而会失败。广陵人、将军府主簿陈琳也劝谏说：杀鸡焉用牛刀，烧毛发无须用炉火，只要迅速行动，当机立断即可。

但何进听不进不同意见，同意了袁绍的建议，召凉州刺史董卓、并州刺史丁原带兵入京。

董卓接到何进的命令，大喜，当即领兵动身。董卓大军行到渑池，何进突然害怕了。凉州在陇西，为少数民族集聚区，民风彪悍，士兵战斗力极强，何进担心凉州兵一旦到了中原，失去约束，覆水难收。急令谏议大夫宣诏制止他们继续东进。董卓拒不受诏，一直将军队开拔到洛阳西面的夕阳亭这个地方才停止，驻兵观望。

有了董卓这个砝码，何进再次入宫，胁迫何太后同意诛杀宦官。宦官们得到风声，先发制人，派人手持兵器，埋伏在大殿之外。等何进出来，以宦官张让为首，杀死了何进。这一回合，宦官胜。

第五回合，何进被诛，袁绍、袁术大怒，带兵杀进宫禁，见到没有胡须的就杀，一下子杀了两千多人。张让等几个宦官见势不妙，胁迫少帝刘辩、陈留王刘协逃出洛阳，最后也被逼死在黄河边上，大臣将少帝和陈留王接入洛阳城。这一回合，朝臣胜。

何进与宦官的较量基本结束了，但这只是动乱的开始，远非结束。接下来局势的演变，超出了所有人的想象。

驻扎在城外的董卓得知宫中发生了政变，急率大军入城，在宫外找到了少帝刘辩和陈留王刘协。少帝从没有见过那么多军队，吓得哭泣。大臣让董卓退兵，董卓不肯，将少帝和陈留王接入宫中。

董卓，字仲颖，陇西临洮人，生来体魄健壮，力气过人，他又通晓武艺，骑在马上，能双弓驰射。他性格粗野，野蛮凶狠，周边的羌人、汉人对他十分忌惮。

黄巾之乱中，董卓吃了败仗，但随后凉州边章、韩遂、马腾等叛乱，董卓前去镇压，势力开始壮大。他长期盘踞凉州，整个陇西都是他的势力范围，逐渐成为全国最有实力的军阀，对朝廷的命令经常不予理会。

董卓凭借悍兵勇将，把持了朝政，开始为所欲为，没有人能够制约他。他对汉室朝廷进行了一系列"改头换面"：行废立，废少帝刘辩，立刘协，是为献帝，改元初平；诛皇族，杀死何太后，毒死刘辩；窃高位，自封郡侯，拜国相，称太师，享"赞拜不名、入朝不趋、剑履上殿"等特权，这些都是皇帝给予大臣的特殊礼遇，非再造社稷的功绩不能享有；封亲信，拜弟弟董旻为左将军，封鄠侯，封自己的母亲为池阳君，连侍妾怀抱中的幼子，也都封侯晋爵；迁都城，为了更有效地控制皇帝，董卓把都城从洛阳迁往长安，这样离自己的势力范围凉州更近一些；乱军纪，放纵手下士兵在洛阳杀人放火，奸淫妇女，劫掠物资，把整个洛阳城闹得鸡犬不宁。

董卓的倒行逆施，当然不得民心。其中反对最激烈的，就是袁绍和曹操这一对儿时伙伴。

因为袁绍掌有一定兵权，董卓一开始对袁绍还比较客气。废立皇帝时，他找袁绍商量，袁绍坚决反对。董卓凶相毕露，持剑怒叱说："我是看得起你才跟你商量，没想到你这样不识抬举，今天不杀掉你，以后总是祸害！"袁绍丝毫不畏惧，横握佩刀，针锋相对地说："天底下强大的人，难道只有你吗？"董卓虽然骁勇，当时还是被镇住了，不敢轻举妄动。袁绍知道早晚会被秋后算账，于是当天连夜逃出京城，到渤海郡避难。袁家几世荫庇，门生故吏遍天下，董卓既然逮不到袁绍，干脆顺水推舟，封袁绍为渤海太守，免得树敌过多。

对曹操，董卓以拉拢为主。他表奏曹操为骁骑校尉，想把曹操收为心腹。然而曹操却不领情，他极其讨厌董卓的所作所为，知道董卓缺乏政治头脑，必然招致天下讨伐，断然不会长久。因此，他没有接受董卓的任命，而是像袁绍一样，偷偷地离开洛阳，改姓易名，向东逃去。

董卓发现曹操逃跑，下令通缉。

曹操逃在路上，食宿都不方便。到成皋（今河南荥阳境内）的时候，想起当地有位朋友叫吕伯奢，就到他家投宿，打算睡个安稳觉，好好休息休息。不巧吕伯奢不在家，他的五个儿子接待了曹操。曹操睡到半夜，听见兵器碰撞的声音，担心自己被害，先下手为强，杀了吕伯奢的儿子，只身逃走。曹操不知道他是否冤杀了吕氏兄弟，但他并不后悔。他说："宁我负人，毋人负我。"这段故事史书记载颇有出入，但曹操所说这八个字大致如此。

曹操逃到中牟（今属河南）的时候，有位亭长警惕性很高，把他捉住，押解到县里。县里的功曹认出是曹操，但认为天下开始乱了，不应该拘捕俊杰之士，就说服县令把他放了。

曹操本来是想回老家谯县的，可到了陈留郡（今属河南开封），不愿继续逃了。因为陈留太守张邈是曹操年轻时在京城的好友，他想借好友的地盘，开展讨伐董卓的斗争。

讨伐董卓需要招募军队，有了军队要解决武器、吃饭、后勤保障等问题，这些都需要钱财。刚好曹家在陈留郡的己吾县有一些家产，眼见天下将乱，曹嵩不放心，来陈留想变卖家产。曹操说服父亲把这笔钱拿出来，作为招募军队的资金。曹嵩年纪大了，已经无力冒险，于是钱给了曹操，自己到稍微偏远一点的徐州琅邪郡（今山东临沂）避乱去了。

陈留郡大户卫兹认为曹操是最有能力平定天下的人，也慷慨拿出家产资助曹操。曹操用自家财产和卫兹资助的财产，招募五千兵士。这五千兵士，是隶属曹操的私人武装，是曹操事业发展的基本盘。曹操的家族成员，也从老家谯县和全国各地赶到陈留，支持曹操的事业。这些成员包括：曹仁、曹洪、曹真、曹休、夏侯惇、夏侯渊等。也有一些外姓人慕名投奔，譬如乐进。

为了提高军队的战斗力，曹操一边训练军队，一边打造兵器。他亲自在铁匠铺锻造刀剑，别人笑他："你是想干大事的人，怎么能干这种具体的小事呢！"曹操笑着回应："能干大事也能干小事，有什么不好呢？"颇有"一屋不扫，何以扫天下"的气概。

从避祸陈留到训练军队初见成效，曹操只用了三个月。这三个月，是曹操人生的重大转折。他坚定地认为，时下的局势，只有靠武力才能平定。

一次以卵击石的尝试和一场风花雪月的战争

曹操是第一个公开招募军队讨伐董卓的人，被称为"首倡义军"。他的力量虽然弱小，却起了个示范带头作用。于是一些有识之士四处串联，呼吁各路军阀加入到讨伐董卓的队伍中。最后，一些军阀集结到一起，组成讨伐董卓联军。这些军阀包括：渤海太守袁绍，后将军袁术，冀州牧韩馥，豫州刺史孔伷，兖州刺史刘岱，河内太守王匡，东郡太守桥瑁，广陵太守张超，山阳太守袁遗，济北相鲍信，陈留太守张邈。

曹操因为当时没有官职，加上队伍弱小，只能附着在张邈麾下。长沙太守孙坚也发起义兵，但因为到达比较晚，附着在袁术麾下。

这十一路军阀组成的盟军，公推袁绍为盟主。

袁绍，字本初，汝南人。其高祖，曾祖，祖父，父亲、叔父，四代人中有五位做过"三公"，号称"四世三公"，是不折不扣的世家望族。袁绍又在诛杀宦官中有功，在各路诸侯中威信最高。

按照袁绍部署，各路军阀屯兵在洛阳周围，对京城形成夹击之势：袁绍、王匡屯兵河内（今河南温县东）；张邈、刘岱、桥瑁、袁遗与鲍信屯兵酸枣（今河南延津县北）；袁术屯兵鲁阳（今河南鲁山县）；孔伷屯兵颍川（今河南禹州）；只有韩馥屯兵邺城（今河北临漳县西），在后方为联军筹措粮草。

袁绍还临时给曹操任命一个军职：行奋武将军。"行"，表示不是正式任命，只是代理行使职权。正式的任命，只有皇帝有权做出。

联军势大，为避联军锋芒，董卓把皇帝、大臣劫持到长安，又烧掉洛阳的宫殿和周围二百里民房，逼迫居民跟着西迁。这次西迁人口几百万，有士兵，有平民，还有大队的骑兵。人多路窄，造成道路拥堵，相互踩踏事件不断，饥饿、抢掠随时发生，许多人死在半路，道路上堆满尸体，惨不忍睹。曹操于悲愤之中写诗《薤露行》记述当时的情形：

> 惟汉廿二世，所任诚不良。
>
> 沐猴而冠带，知小而谋强。
>
> 犹豫不敢断，因狩执君王。
>
> 白虹为贯日，己亦先受殃。
>
> 贼臣持国柄，杀主灭宇京。
>
> 荡覆帝基业，宗庙以燔丧。
>
> 播越西迁移，号泣而且行。
>
> 瞻彼洛城郭，微子为哀伤。

大意是：汉灵帝昏庸，用人不当，何进像一只穿着人衣的猴子，脑子愚笨却还想谋划大事，因为优柔寡断，导致皇帝被挟持出京。天象出现白虹贯日，何进自己遭到杀害，朝政被奸贼董卓把持，杀了皇帝还把京城也毁掉了。他倾覆了汉室基业，烧毁了皇家宗庙，裹胁汉献帝和官吏民众迁都长安，一路尸骨盈道，哀鸿遍野，看着被焚毁的洛阳城，会像《史记·宋微子世家》记载的那样，哀伤无比。

微子是殷商王族，《史记·宋微子世家》中写道，商朝灭亡后，太师箕子看到宫室的废墟上长满庄稼，写下《麦秀》一诗抒发心中悲痛。

为对抗联军，董卓自己则留守洛阳，派部将徐荣驻军洛阳东部的荥阳一带。当时伊洛河与黄河相交于荥阳，这里的虎牢关乃守卫洛阳的关口。

可是联军并没有董卓想象得那样强大。各路军阀名曰讨贼，实际上各人打着自己的小算盘，都想拥兵自重，保存实力，借机扩张，谁也不愿冲锋在前。

看到这种状况，曹操心中着急。他对各路军阀说："董卓焚烧宫室，劫迁天子，天下人对他愤怒至极，在他不得人心的时候，正好与之决战。"可是大家对他的话置若罔闻。

不能说服大家，曹操就自己上，他带领招募来的义军向西进发。卫兹是曹操的拥趸，义无反顾地随同前往。济北相鲍信则亲自带着两万步兵、七百骑兵、五千辆粮车兵支持曹操。鲍信很欣赏曹操，看不起袁绍，对曹操说："能够匡扶天下的，只有你！那些没有才干的人，即使一时强盛，最终也会灭亡。"曹操很感动，从此二人交好，成为知己。

这是一次以卵击石的尝试。曹操部队在荥阳遭遇了徐荣。由于兵力悬殊，凉州部队作战能力又强，曹操大败，卫兹和鲍信的弟弟战死，鲍信受伤。曹操在这一战役中也很狼狈，他为流矢所中，战马也受了重伤，眼看就要被敌人俘获甚至丧命，危急关头，从弟曹洪将自己的战马让给曹操。曹操本想客气两句，曹洪说："天下可以没有我曹洪，不能没有你曹操。"于是，曹操骑上战马，曹洪在后面步行，二人趁黑夜侥幸逃出险境。

这次战斗，因为发生在黄河支流汴水边上，史称"汴水之战"，虽然失败了，但曹操依然不甘心。回到酸枣，他向大家建议：河内、酸枣、南阳部队齐头并进，把战线推到洛阳附近，然后扼守险要，高垒深壁，即使不作战，在强大的压力面前，董卓势力也会很快瓦解。

在盟军将领眼中，汉室气数已尽，已经没有人愿意为汉室而战。对于他们而言，这是一场风花雪月的战争，一次沽名钓誉的游戏。他们忙于饮酒作乐，没有人愿意听曹操絮叨。

曹操深感失望，撂下一句话："真为你们感到羞耻！"而后愤愤而去。

曹操手下的五千士兵伤亡得差不多了，只好和曹氏、夏侯氏等将领回到老家谯县，重打鼓另开张，到扬州（今安徽和县）重新招兵买马。这次他得到三千多士兵，率领这支新的队伍又马不停蹄地开赴前线。

考虑到张邈不思进取，同样是老朋友，还不如跟着袁绍混，于是曹操把部队带到了屯兵河内的袁绍处。这时候，讨伐董卓的形势已经发生了变化，袁绍部队的粮草消耗殆尽，没有饭吃了，大家各自散伙。而且，盟军之间又起了内讧，兖州刺史刘岱杀死了东郡太守桥瑁。

联盟彻底瓦解。整个行动唯一的胜利，是南线附着于袁术的长沙太守孙坚，一路所向披靡，在战场上斩杀董卓手下大将华雄，打进洛阳城。孙坚在皇宫废墟的一口井里，得到了汉室的传国玉玺。

讨伐董卓失败后，袁绍、韩馥又想了一个馊主意。他想，董卓挟持天子，占据着政治优势。干脆另立一个皇帝，不承认董卓政权。他看中了幽州牧刘虞，征求曹操意见，曹操态度坚决地予以反对。

他给袁绍答复道：

> 董卓之罪，暴于四海，吾等合大众、兴义兵而远近莫不响应，此以义动故也。今幼主微弱，制于奸臣，未有昌邑亡国之衅，而一旦改易，天下其孰安之？诸君北面，我自西向。

"昌邑"指昌邑王刘贺，汉昭帝驾崩后，东汉权臣霍光立刘贺为皇帝，马上又被废了，另立汉宣帝。曹操这段话的意思是：幼主微弱，受制于奸贼，本身并没有过错。一旦废立皇帝，天下会更乱。

曹操表达志向："诸君北面，我自向西。"你们向北拥立幽州牧刘虞，我仍然向西拥护长安的幼帝刘协。

袁绍又向袁术请求支持，袁术早有二心，不想拥立年龄大的皇帝，因此也拒绝了。幽州牧刘虞得知袁绍的想法后，给予了严厉的斥责，坚决不愿背叛幼主。袁绍无奈，只好消除了另立新帝的念头。

两人在这次拥立事件上的分歧，暴露了在对待天下和汉室上，两人态度大相径庭，为日后他们选择不同道路埋下伏笔。

做自己的主宰

在河内时，袁绍曾经问曹操："如果讨伐董卓失败，你有什么打算。"曹操知道袁绍心中已有答案，便反问："你呢?"

袁绍说："吾南据河，北阻燕、代，兼戎狄之众，南向以争天下，庶可以济乎?"意思是说，我要南面据守黄河，北面依托燕、代地区，再加上戎狄等胡人力量，向南争夺天下，这样大概可以成功吧。

曹操说："吾任天下之智力，以道御之，无所不胜。"意思是说，我依靠天下人的智谋和武力，用一定的方法管理他们，这样就无往而不胜了。

两人不在同一角度回答问题，不过也能看出，二人见识能力和战略水平的高下。

以后的道路，恰恰印证了这次交流。

盟军解散后，为了得到冀州，袁绍联络蓟州侯公孙瓒佯攻韩馥，然后派谋士游说韩馥，说只有韩馥将冀州牧让与袁绍，才能保全自己。韩馥生性怯懦，竟真的将州牧的官印送给了袁绍。袁绍把冀州从韩馥手中夺了过来，又逼迫韩馥自杀，自己做了冀州的主人，开始了南据黄河，北守燕代，向南争夺天下的步伐，逐渐成为全国最具实力、最有影响力的割据政权。

曹操也想按自己的方式实现天下大同，然而眼下最尴尬的是连个安身之处也没有。他想打下一块儿属于自己的地盘，但一来实力不济，二来周边都是昨日的盟友，没有理由相互攻讦。他甚至想过在袁绍手下做个大将算了，鲍信劝他说："今绍为盟主，因权专利，将自生乱，是复有一卓也。若抑之，则力不能制，只以遘难，又何能济？且可规大河之南，以待其变。"袁绍利用盟主的身份发展私利，相当于又一个董卓。我们没有力量除掉他，但也不能追随他，应该先向黄河以南发展势力，等待时局的变化。曹操认为有理，但究竟在哪里立足，还是没有着落。

机会很快就来了。

朝廷命官不能动，好友盟军不能打，在北方，还有一些势力，不被当时社会主流认可，正好作为曹操扩张的目标。

这些势力主要可分为三类：黄巾军残余势力，其他农民起义军，还有一股南匈奴军队。

黄巾军被镇压后，残余势力各自为战，东躲西藏，惶惶不可终日，但一直也没有停止过反抗斗争。现在天下又乱，黄巾军残余势力再度活跃起来。当时青州黄巾军最强，人数达三十万之多。

在河北、山西的深山中，还活跃着许多农民起义军或者匪寇，后来，这些散乱的队伍经过整合，成为一个整体，因为其发源于并州、冀州、幽州交界处的黑山（今属太行山脉），被称为"黑山军"，人数有百万之众。

当初为了镇压黄巾军，汉室请求南匈奴支援。南匈奴派一支军队进入中原腹地，参与了汉室的镇压行动。但后来，南匈奴政局有变，这一支队伍回不去了，就在内黄县附近驻扎，成为独立于汉朝军队的另一种势力。

这三种势力，都与官方有着大大小小的冲突，拿他们开刀，既能壮大自己，又能取得声誉。曹操瞅准机会，先后把他们变成了盘中餐。

初平二年（191），十多万黑山军攻打冀州的魏郡（今河北临漳县西）和兖州的东郡，其首领为于毒、白绕、眭固等。接替桥瑁的东郡太守王肱抵挡不住，丢下城池慌不择路地逃之夭夭。袁绍担心黑山军势力坐大，让曹操前去镇压。

曹操带着三千军队，接到袁绍指令，马上北上。黑山军虽然号称十万，但老幼混杂，战斗力极差。曹操挑选其中最薄弱的白绕部队，趁他们立脚未稳，率先击之。白绕不敌，退出东郡。袁绍非常高兴，向朝廷表奏曹操为新的东郡太守。

济南相后，曹操弃东郡太守不做，归隐乡里。一晃四年过去了，历史给曹操开了个玩笑，他又被任命为东郡太守。这一次，他欣然接受，盖因时势异也，现在他迫切需要一块地盘。

曹操把东郡郡治移到东武阳（今山东莘县南），这样和鲍信的济北国接近，相互可以有个接应。

曹操有了自己的地盘，还整编了白绕的部分士兵，接受了东郡原有武装，实力大增。

东郡辖区有顿丘县，曹操曾在这里做过县令。曹操把军队集中在这里，准备迎击黑山军反扑。黑山军将领于毒，避开曹操的锋芒，直接进攻东武阳，设定埋伏，单等曹操前来救援，准备一举歼灭曹军。曹操识破于毒计谋，撇开东武阳不救，直接去攻打于毒在西山里的大本营。这时候，双方拼的是谁能先拿下对方的大本营。结果于毒先承受不了，放弃攻打东武阳，回兵救援。东武阳的包围解除了，大家以为曹操会在半路截击于毒部队，但曹操出其不意地袭击了另一支由眭固率领的黑山军，也取得了胜利。至此，曹操完胜黑山军。

曹操又对盘踞于魏郡内黄（今属河南）的南匈奴军队用兵，南匈奴首领于夫罗不敌，败走。这样，又完胜南匈奴军。

接下来，曹操的对手是黄巾军。

初平三年（192），数百万的黄巾军攻入兖州。黄巾军特点，士兵家属也随军，号称百万，其实有战斗力的士兵只有大约三十万。尽管如此，这也是一支庞大的队伍，兖州刺史刘岱发兵迎敌，战败被杀。

刘岱一死，兖州群龙无首，战争正进行得如火如荼，怎能一日无主！然而，谁能带领大家击退黄巾军呢？曹操的部属陈宫深知曹操的心思，自告奋勇，去说服州府和各郡官员，推举曹操担此大任。鲍信率先呼应，很快大家取得共识，一致推举曹操领兖州牧。

虽然受命于危难之际，但总算统领一州之兵，升级成雄霸一方的大诸侯，在曹操的人生中具有里程碑式的意义。不过曹操来不及激动和庆祝，更大的责任和更残酷的战斗在等着他。曹操把东郡太守任命给夏侯惇，自己则一心一意对付黄巾军。他先试探性地用小股部队和黄巾军作战，结果黄巾军要比他想象的强大得多，交战不利。最让曹操痛心的，是鲍信在这次交战中阵亡了。

乱战之中，未能找到鲍信的尸体。曹操让人用木头刻成鲍信的模样，为他举行隆重的安葬仪式。鲍信和曹操交往时间不算长，却是绝无仅有的知己。曹操为失去鲍信而痛哭流涕。

曹操这一生，部下和敌人都很多，志同道合的朋友却只有鲍信一个。

曹操总结失利原因：刘岱被杀，兖州部队士气上受到影响，士兵普遍有畏惧心理。第二次作战时，曹操明令奖罚，严格军纪，亲披甲胄，一马当先，士兵受到鼓舞，奋勇向前，终于改变了战场上的劣势，掌握了战斗的主动权。

接着，双方进入相持阶段，除了小范围冲突互有损伤外，谁也不能取得决定性胜利。

这支黄巾军，士兵大多是青州人，因为天灾人祸，走投无路才走上造反的道路。曹操写封信给黄巾军首领，许诺只要放下武器，接受整编，青壮年可以继续从军，老弱病幼则给他们田地种，解决吃饭穿衣等生活问题。

这些条件的诱惑力是很大的，特别是有田种，是下层民众一生一世的最高目标。

但是，黄巾军除了生活和生存，还信奉太平道。他们也试图用宗教去"教化"曹操。他们给曹操写信：听说你过去在济南为官时，曾毁坏神坛，这种做法与我们太平道是相通的。当时你似乎懂"道"，如今怎么又犯迷糊了？汉廷的气数已尽，我们太平道顺天而立，这是天命，不是你的能力所能抗衡的。

曹操一生不信命，也不会听命于黄巾军。双方各说各话，都不能说服对方，只求战场上见高低。不过，黄巾军军心已经松动，加上长时间作战，没有充足的物资补给，战斗力大打折扣。

时间在曹操这一边。

之后的交战，曹操几乎完全控制了战场形势。

到了冬天，黄巾军除了缺粮，还没有过冬御寒的棉衣，渐渐不支，最后宣布无条件投降。

士兵三十万，家属、老弱百万，被曹操收编。

曹操对三十万降卒精挑细选，不求数量，只求质量，留下精锐忠诚的组织成新军，名曰"青州兵"。青州兵经过严格训练，改掉在黄巾军时自由散漫的毛病，组织纪律大大增强，成为一支特别能战斗的精英部队。此后青州兵成为曹操的嫡系部队，一直跟随曹操，只听曹操一人指挥，直到他去世。

其余投降的人，全部种地，保障军队的后勤供应。

曹操不同于其他军阀，黄巾军、黑山军战败后，其他军阀都是格杀勿论，比如黑山军于毒部队，从东郡逃走后被袁绍击败，万余人皆被杀。曹操不杀降卒，一来要补充军队，二来他还要靠大量人口种地养活军队。

吃饭穿衣那些事儿

曹操收编黄巾军降卒，军队力量壮大了，随之而来的问题是：这么多人，吃饭穿衣怎么办？

汉末，土地高度集中，有劳力的家庭没有土地，有土地的家庭不用劳动。黄巾起义之后，由于灾荒和战争，拥有土地的地主，有的被杀，有的逃走；农民或逃荒要饭，或落草为寇，或充军起义，造成"田无常主，民无常居"，土地撂荒现象十分普遍。另外，地方武装、军阀诸侯筹措不到粮食，养活不了更多军队，造成战斗力低下。

办法都是人想出来的。曹操现在手里有士兵，有庞大的士兵家属，有撂荒的土地，生产要素都有了，关键是怎样整合在一起，曹操接受幕僚枣祗的建议，开始尝试"屯田制"。

把撂荒和未开垦的土地收归官有，拿出一部分租给军人家属或者没有土地的平民，并为他们提供耕牛和农具，收获后，官方回收五到六成，充当军粮。这种制度，叫作民屯。民屯收取的地租比例很高，但农民因此能够种上地、吃上饭，也得到了实惠。还有一部分土地，供士兵耕种。这些士兵，打仗时拿起武器，闲暇时拿起农具，边战边耕，亦兵亦农，自给自足。这种方式，称为军屯。

屯田制在兖州开始尝试、探索，建安年间到许昌后，正式发布并大面积推广。

屯田制意义重大，一石三鸟。第一，解决了军粮供给问题。曹操在决定实行屯田制度的时候说："定国之术，在于强兵足食。"认为屯田制是强兵足食、安定国家的长远举措。当时诸军并起，但军阀们关心的是地盘的大小、军队的多少，军粮不够，就到处抢掠，粮食丰收了，也不知道储存起来。只有曹操，具有长远眼光，从制度上解决了军粮供给问题。第二，解决了老百姓吃饭问题。农民造反，是因为缺衣少食。农民有田种，有饭吃，自然安居乐业了。第三，解决了流民问题。失去土地的农民，哪里没有战争，哪里粮食丰收，就到哪里去，他们居无定所，食无定量，经常靠抢掠为生，这是严重的社会治安问题。曹操把流民组织起来种地，慢慢地他们就安居下来，成为永久居民。

屯田制对后世影响很大，历代军事集团都有不同程度的效仿。特别是天下大乱、逐鹿中原之际，各个军阀无不亦耕亦农，靠屯田制解决军粮问题。

地盘有了，军队有了，粮食有了，这些还不够。"吾任天下之智力，以道御之，无所不胜。"人才和谋略，才是曹操最为看重的。

在兖州期间，曹操收获了一批武将，最著名的如典韦、李典、于禁、满宠、吕虔等。其中于禁和典韦出身低贱，曹操不拘一格，按军功擢升他们，任命两人为军司马，职责是协助曹操管理军事，领兵作战；典韦后来成为曹操的亲随校尉、贴身侍卫；其他各人也大多为从事掾，每人主管一项具体事务。

投靠曹操的文人谋士有荀彧、程昱、毛玠等。

荀彧，字文若，颍川颍阴（今河南许昌）人，出身士族，战国思想家荀子之后。荀彧年少有才名，何颙在认识曹操之前，见到荀彧，十分惊讶，评价其为"王佐之才"。

董卓入京后，荀彧说："颍川离洛阳近，乃四战之地，如果发生战争，这里一定不能幸免。"他劝乡亲们尽快离去，到别处避难。但乡人怀恋故土，抱着侥幸心理，不愿离去。无奈，他只好独自带领宗族到冀州避难。

袁绍手下有很多颍川籍的谋士，像辛评、郭图以及荀彧的亲弟弟荀谌都是颍川人。荀彧到冀州后，袁绍将他奉为上宾。但荀彧并不看好袁绍，认为袁绍徒有虚名，不是能成大事之人，于是离开了袁绍主动投奔到曹操处。曹操和荀彧谈了一夜，大喜，握着荀彧的手说："吾之子房也。"子房是汉初张良的字，是刘邦最重要的谋臣和开国功臣。

后来的事实证明，荀彧果然未辜负曹操，成为曹操麾下首席谋士，最得力的助手。曹操出征时，荀彧总是留守后方，负责处理政务，筹集供给粮草，从这一点讲，他更像是"汉初三杰"中的萧何。

程昱，字仲德，兖州东郡东阿（今属山东）人，曾经率领民众抗击黄巾军。刘岱任兖州刺史时，辟召程昱，被程昱拒绝。曹操做了兖州牧，请程昱到自己帐下，程昱毫不犹豫地答应了。左邻右舍不解，问程昱为什么拒绝刘岱而答应曹操，程昱笑而不语。

毛玠，字孝先，陈留平丘（今河南封丘）人，年轻的时候做过县吏。天下大乱后，他本想到荆州避祸，半路上听说荆州牧刘表政令不严明，于是辗转他地，最后到了兖州，投奔曹操。曹操封他为治中从事，相当于州牧的助理。毛玠以清正廉洁著称。

还有劝曹操担任兖州牧的陈宫，字公台，东郡东武阳人。陈宫是三国时期重要的谋士之一，但他很快背叛了曹操，成为对手，这是后话。

文臣武将，曹操部队基本上有了完善的管理体系。

在兖州短短三年，曹操的人才库得到充实，特别是荀彧、程昱加盟后，犹如雄鹰张开了翅膀，得以遨游天际。

"任天下之智力"是曹操安邦平天下的战略，也是他在众多军阀中脱颖而出的重要法宝。

曹操打败兖州的黄巾军后，派使者到长安向朝廷报告，希望得到朝廷的嘉奖。谁知朝廷态度十分冷淡，不但不承认曹操自封的兖州牧，还派一个叫金尚的大臣来取代他做兖州刺史。自己辛辛苦苦打下的地盘，岂容他人摘取胜利果实？曹操心中不是滋味，派兵在途中拦截金尚，不允许金尚入境。金尚无奈，投奔了袁术。

这件事对曹操刺激很大。他励志效忠朝廷，帮助朝廷镇压起义军和贼寇，却被朝廷弃之如敝屣，这像一盆凉水冷却了他那颗匡扶汉室的心。从此，他下决心不管是朝廷的命官还是一方诸侯，只要妨碍他平定天下，都要剪除。

身在浴血，心在滴血

第三章

兄弟间的远交近攻战

曹操在兖州激战正酣，朝廷中发生一件大事：董卓被杀了！

关东讨卓部队退兵后，董卓也从洛阳回到长安。在长安城，他残酷暴虐，淫乐纵肆，无恶不作。一次，他设宴款待众大臣，却在宴会上大开杀戒，对诱降的北地俘虏数百人"于坐中先断其舌，或斩其足，或凿眼，或下镬煮之，未死，偃转杯案间"。其状惨不忍睹。众人吓得战战兢兢，连筷子都拿不起来，董卓却谈笑自若。下属将领或王公大臣凡有言语冒犯董卓的，动辄当场处死。

张温是有威望的大臣，官至太尉，曾带兵讨伐胡人，当时董卓在其手下任破虏将军。作战时张温曾责备董卓不能及时应诏，董卓怀恨在心。现在他大权在握，污蔑张温勾结袁术，竟将其在街市上毒打致死。

董卓倒行逆施，已经到了人神共愤的程度。司徒王允、尚书仆射士孙瑞谋划除掉董卓。他们拉拢董卓的义子吕布，吕布因与董卓的奴婢有染，怕董卓加害于他，答应帮忙除掉董卓。初平三年（192）四月二十三日，汉献帝大病初愈，在未央殿接见众臣。吕布安排老乡、骑都尉李肃带兵十余人，伪装成侍卫把守掖门。等董卓进入掖门，便一拥而上，杀向董卓。董卓见势不妙，大呼吕布护卫，吕布掏出皇帝诏书，高喊奉旨杀贼，于是众武士将董卓剁为肉泥。

董卓已死，但他的军队还在。原部下郭汜、李傕为董卓报仇，进攻长安，诛杀了王允。吕布独自不能抵挡，逃出京城，天下更加混乱了。全国各地的军阀像逃出牢笼的虎豹，拼命地噬咬同类，抢占山头，帝国分崩离析。至汉献帝初平三年（192），帝国十三个州的军阀势力分布为：

凉州，治所陇县（今属甘肃），辖境相当于今甘肃、宁夏和青海湟水流域。凉州原是董卓的大本营，董卓入京后，凉州叛军马腾、韩遂趁机扩大地盘，成为凉州主要武装势力。

司州，是司隶校尉部的俗称，相当于京畿，是后汉都城洛阳和前汉都城长安所在地，辖境包括现在河南中西部、陕西中部、山西西部等。这里大部分地盘原是董卓的势力范围，董卓死后，由李傕、郭汜控制，不过控制力较弱。洛阳东北的河内郡为张杨占据，洛阳以北的河东郡则是黄巾军余部白波军的势力范围。

青州，治所临淄县，辖区相当于现在的山东省东部。由青州刺史田楷、北海郡守孔融割据。

徐州，治所郯县（今属山东），辖境泰山以南、淮河以北、砀山以东广大地区，徐州牧陶谦占据。

兖州，治所鄄城（今属山东），辖境相当于今山东西南及河南东北部，由曹操控制。

豫州，治所谯县，辖境相当于今河南东南部、安徽北部。孙坚原为豫州刺史，初平二年（191），孙坚同荆州牧刘表作战阵亡。豫州为四战之地，一直处于军阀和黄巾军混战之中，不过袁术势力在豫州影响较大。

幽州，治所蓟县（今北京大兴区西南），辖境相当于今北京市、河北北部、辽宁南部及朝鲜西北部。刘虞、公孙瓒先后争夺幽州，到初平四年（193），公孙瓒以少胜多，杀死刘虞，成为幽州主人。

冀州，治所高邑县（今属河北石家庄），辖地相当于今河北中部和南部、山东西部、河南北部。袁绍领冀州牧，拥有冀州。

并州，治所晋阳（今山西太原西南），辖境相当于今山西、内蒙古自治区、河北、陕西的部分地区。并州刺史原为丁原，后来其部下吕布投靠董卓，杀死丁原，其士兵也为董卓吞并。此后，并州无主，是南匈奴、黑山军和贼寇角力的场所。

荆州，治所襄阳（今属湖北），辖境相当于今湖北、湖南大部，及河南、贵州、广东、广西等地的一小部分。刘表领荆州牧，荆州是刘表的势力范围，但南阳郡为袁术占领。

扬州，治所寿春（今安徽寿县），辖境相当于今安徽淮河和江苏长江一线，也包含湖北、河南的一小部分。此时，扬州刺史为陈温。

益州，治所成都，辖境为秦岭以南、巴山以西，相当于今四川、重庆、云南、贵州大部，以及陕西、甘肃南部。刘焉向朝廷建议"废史立牧"后，自告奋勇担任益州牧，得到许可，从此割据益州。他安排张鲁驻守汉中，隔绝益州与中央政府的往来。

交州，治所龙编（今越南河内北）。辖境相当于现今广东、广西大部，以及越南北部。士燮是交州最为雄厚的地方势力。

十三州大大小小的军阀中，有连横，有合纵，有合作，有斗争，有你来我往的战争，有此消彼长的势力转换。

袁绍和袁术是所有军阀中最有影响力的两股势力。

袁术，字公路，和袁绍都是司空袁逢的儿子。袁绍年长，为兄，但是庶出，并且从小过继给了伯父袁成。袁术是袁逢的嫡长子，在血统上，袁术无疑占有优势，但在社会影响力上，袁术不及袁绍。袁绍相貌英俊威武，年纪长，出仕早，曾为中军校尉，蹇硕死后，受何进拉拢，成为中央政府军队中的二号人物。所以，讨伐董卓时，袁绍才能被推为盟主。但袁术因为基因纯正，天然地看不起袁绍，生气时称袁绍为"吾家奴"。

他们的共同特点就是妄自尊大、心胸狭窄、渴求权势。二人各倚所长，谁也不肯向对方低头，竟从未想过和自己的亲兄弟结成同盟。相反，他们各揣野心，将对方视为最大的绊脚石，为此不惜相互仇恨，远交近攻，勾结外姓，想置对方于死地。

关东的军阀依附"二袁",大致形成两个阵营。袁绍阵营包括曹操、刘表；袁术阵营包括幽州公孙瓒、徐州陶谦、青州田楷，以及孙坚的长子——还未成气候的孙策。

早先，跟着袁术混的豫州刺史孙坚攻打董卓时，袁绍在背后使了个绊子，任命个新的豫州刺史与孙坚抢占地盘，但被孙坚击败。不久，孙坚在攻伐刘表时战死。袁术将孙坚战死的仇恨记到了袁绍名下，但一时惹不起袁绍，就拿袁绍的盟友曹操开刀复仇。

初平四年（193），袁术收编了黑山军的一股力量，南匈奴于夫罗也归服袁术。袁术开始得意忘形，他以帮助金尚就位兖州刺史为借口，从南阳发兵，引兵北上，屯兵封丘（今属河南），企图一举歼灭曹操。

但是，这次袁术显然找错了对象。

等到曹操带兵迎击，袁术的先头部队已经到了匡亭（今河南长垣县西南）。袁术士兵虽多，但军容不整，军纪松懈，一击即溃，退守封丘。曹操到达封丘，再战，袁术仍然不敌，只好向南逃窜。退到襄阳附近，发现刘表掐断了他的后路，只好向东逃窜，过宁陵至九江。九江已是扬州的地盘，扬州刺史陈温刚刚病逝，由陈瑀代领州事。陈瑀不愿接纳袁术，袁术退到阴陵县（今安徽定远西北），集结军队准备攻打陈瑀。陈瑀害怕了，派自己的弟弟前去求和，袁术扣押了他的弟弟，继续发兵，陈瑀不敢接战，仓皇逃跑了，于是袁术自领扬州刺史。

曹操与袁术的交锋，史称"匡亭之战"。这是曹操第一次同军阀作战。昨日盟友，一朝翻脸，抛却一切情分，就是你死我活。

阴谋与背叛

　　曹操和袁术打得难解难分的时候，袁术阵营的徐州牧陶谦趁火打劫，他不好自己出面，就撺掇当地的贼寇对曹操下手，夺取了位于兖州东南、毗邻徐州的任城郡（今山东微山县）。

　　曹操大败袁术后，终于可以腾出手来讨伐陶谦，不但收回了任城，而且攻克徐州十余城。

　　陶谦，字恭祖，丹阳郡（今安徽宣城）人，做过县令、幽州刺史、议郎，随皇甫嵩讨伐过叛军，做过张温的参军。黄巾起事，陶谦被委以徐州刺史，放在了平定乱军的第一线。陶谦用臧霸为将，很快将黄巾军赶出徐州。天下离析后，陶谦依旧向朝廷进贡，汉献帝感动，升陶谦为徐州牧、安东将军。

　　陶谦名字温文尔雅，但为人却并不光明磊落。在徐州，他任性而为，亲小人，远贤人，刑政失和。著名评论家许劭精练而准确地剖析他："陶恭祖外慕声名，内非真正，待吾虽厚，其势必薄。"

　　从陶谦对付曹操上可以看出他的虚伪、狡诈。匡亭之战，他想帮袁术，又忌惮曹操发展势头正猛，于是自作聪明地支持、利用当地贼寇侵袭任城。他还通过其他方式报复曹操。

　　群雄征伐董卓，陶谦没有参与，徐州相对稳定。曹操父亲曹嵩离开陈留后，到徐州琅邪郡避难。现在曹操站稳了脚跟，曹嵩打算到兖州投奔儿子，曹操派兵前往迎接。陶谦得到消息，派数千骑，赶在曹兵之前秘密将曹嵩杀死。至于杀害曹嵩的具体经过，各家史料记载略有出入。《后汉书》卷七十八记载：曹嵩和小儿子曹德从琅邪郡出发，曹操派泰山郡太守应劭前往迎接，还没有赶到，陶谦即遣轻骑追上曹嵩、曹德，在两郡相交处将其杀死。应劭担心曹操追究责任，于是投奔了袁绍。《三国志》裴注引《魏晋世语》记载得更有戏剧性：曹嵩在泰山华县，曹操派应劭将他们接到兖州。应劭未到，陶谦遣数千骑前去抓捕曹嵩。曹嵩以为是应劭来了，没有半点防备。徐州兵先撞见曹德，杀了他，曹嵩才知道不妙，赶紧带着小妾往后院逃。他想先帮助小妾爬过院墙，谁知小妾比较肥壮，曹嵩又老，怎么也举不到墙头。仓促之间，曹嵩抛下小妾，自己躲进了茅厕。茅厕自然不是藏身之处，结果曹嵩和一家人全部被害。应劭赶到，看到一地血迹，只好逃奔了袁绍。裴注又引韦曜《吴书》：曹操到琅邪迎接曹嵩，辎重百余辆车。陶谦好心派都尉张闿带领二百兵卒护送，不想张闿见财起意，半路上杀死了曹嵩，劫取财物，逃亡淮南。司马光《资治通鉴》采用了《吴书》的说法。尽管说法不一，但无论哪种，曹嵩之死都与陶谦脱不了干系。

汉代以孝治国，杀父乃不共戴天之仇，曹操盛怒，兴平元年（194）秋，倾兖州之兵攻打徐州。

曹操令荀彧和程昱留守鄄城，自己亲率大军作战。袁绍也派来将军朱灵协助。徐州那边，陶谦当时屯兵彭城（今属江苏徐州），自知不敌，一方面退守郯城（今属山东临沂），一方面向青州刺史田楷求救。彼时刘备在田楷手下任平原国相，田楷派刘备带领一千人马赶来救援。

曹军一路势如破竹，一直打到海边。但唯独郯城久攻不下。曹操迁怒于徐州百姓，将彭城及占领区百姓赶到泗水河里活活淹死。徐州由于多年没有战事，外地百姓都躲到徐州避难，这些避难百姓也未能幸免。据记载，曹操这次屠杀百姓数十万。曹军所屠之处，鸡犬不留，泗水河里尸体堆积，河水为之断流。其状惨不忍睹。

曹操一生征战，绝少有屠城行为。徐州屠城，是为父报仇的情绪宣泄，是郯城久攻不下的愤怒表现。但无论如何，屠杀无辜百姓，极不人道，很不得民心，不应该是有志向的政治家所为。尽管曹操一生功绩彪炳史册，屠徐的污点始终无法被抹去。曹操这一次屠杀，影响深远，一直到曹丕称帝，曹魏立国，徐州都是最不稳定地区，民众离心离德，反抗不断。

眼下的报应也立竿见影。曹操的残暴，不仅让徐州人民同仇敌忾，兖州官吏也看不下去了，很快后院失火，曹操只得退兵。

陶谦大难未死，缓了一口气，拨付给刘备四千人马，让他驻守小沛（今江苏沛县东），帮助抵御曹操，并向朝廷表奏刘备为豫州刺史。这样，刘备就再也没有回青州。

曹操后院这把火，是亲密兄弟和亲信谋臣共同点燃的。

张邈，字孟卓，东平寿张（今山东东平县）人。张邈和袁绍、曹操都是儿时玩伴，一起参加了讨伐董卓的行动。袁绍成为盟主后，骄傲矜持，不可一世，张邈经常直言责备他，两人由是心生芥蒂，儿时友情荡然无存。

曹操从没有官职变成了州牧，张邈原地不动地仍然做着陈留太守，陈留郡属兖州，张邈反而成了曹操部下。袁绍曾令曹操杀掉张邈，曹操不听，说：“孟卓是我们从小玩到大的朋友，即使有过错也应该容忍。现在天下正乱，不应该自己人残害自己人。”

曹操希望朋友们同心协力，互相帮助，不料张邈不仅和袁绍闹翻，现在又把刀剑从背后捅向了曹操。

说服张邈反叛曹操的是陈宫。陈宫下决心背叛曹操是因为边让。边让是兖州名士，是陈宫的朋友，他看不起曹操的出身，经常出言不逊，后来，曹操借故把他杀了。

边让和陈宫代表着当地的士族阶层，曹操代表着外来的豪强阶级。陈宫推举曹操入主兖州，是为了抗击黄巾，保卫家乡士族利益。但曹操用人一向不看重身份，陈宫本地的朋友并没有获得好处，边让还让曹操给杀了，陈宫因此对曹操产生了不满。

曹操在徐州大开杀戒，让下层官吏和民众不寒而栗，这为陈宫的反叛提供了机会。

陈宫敢于拉张邈一起反叛，是窥视到了张邈的内心。张邈从曹操的恩主变为下属，内心极不平衡。他还担心曹操有一天会为了袁绍杀掉自己，又极其缺乏安全感。陈宫抓住张邈的心理弱点，激将说："现在天下大乱，你也是一方诸侯，这样听命于人，时刻都有被杀掉的危险，不觉得委屈吗？"三言两语就打动了张邈。

这二人掂量掂量，觉得分量还不够，还需要再拉个强人加盟。恰好这时吕布就在附近，二人就把目标锁定为吕布。

吕布，字奉先，五原郡九原县（今属内蒙古包头）人。吕布以勇武著称，擅长骑射，膂力过人。他先是供职于并州刺史丁原麾下，丁原待他甚厚。何进为除宦官，在召董卓进京时，也让丁原带军队到洛阳城外待命。董卓进京，忌惮丁原势力，收买了吕布，诱使吕布杀死丁原。这样，吕布成了董卓侍卫，和董卓如同父子。后来，吕布与董卓的婢女有染，被司徒王允得知，王允以此为突破口成功策反吕布，二人里应外合杀死董卓。而后董卓部下李傕、郭汜反攻长安，驱逐吕布，吕布先后投奔袁术、袁绍。因为自恃功高，不为二袁所容，袁绍还派人到处跟踪、刺杀他，吕布无处栖身，四处流浪，眼下刚好路过陈留。

陈宫和张邈共推吕布为兖州牧，三人一拍即合，准备干一番大事业。

向兄弟背后插刀

陈宫、吕布、张邈轻易地得到了兖州。他们使用的武器只有一个：策反，几乎不费一兵一卒。

张邈派人到鄄城见荀彧，谎称吕布到兖州来帮助曹操攻打徐州，要荀彧供给军粮。荀彧何其聪明，不仅没有上当，反而因此获知了张邈反叛的消息，一方面急忙召东郡太守夏侯惇、寿张县令程昱前来商量，一方面派人快马加鞭地赴徐州向曹操报告。

接着，陈宫和荀彧展开了一场策反大战。兖州辖八个郡、国，八十个县，双方到各郡、国、县游说拉票，结果只有三个县愿意继续跟着曹操干，其他郡县全部归顺了吕布。

大部分郡县就是墙头草，好汉不吃眼前亏。同时，曹操与兖州当地官僚豪强矛盾极深，曹操在徐州屠城影响极坏，这些都是造成郡县反叛的重要原因。

愿意继续跟着曹操的三个县是鄄城、范县、东阿。鄄城由荀彧驻守，范县县令靳允，其母亲、妻子、儿女、弟弟被吕布控制，程昱亲自到城中游说靳允，说："今天下大乱，英雄并起，必有命世能息天下之乱者，此智者所宜详择也。得主者昌，失主者亡。"接着程昱将吕布和曹操作了一番比较："吕布粗中少亲，刚而无礼，匹夫之雄耳；曹操智略不世出，殆天所授。"

程昱把吕布的缺点看得清清楚楚，吕布正是一个粗暴而不与人亲近、刚愎自用的人。这让靳允坚定了跟着曹操的决心。靳允置家眷安危于不顾，部署军队坚守范县，打败了吕布军队的进攻。东阿县令枣祗，就是向曹操提出屯田制的幕僚，毫不动摇地坚守城池等待曹操到来。夏侯惇、程昱因为人在鄄城，他们的地盘东郡和寿张也失去了控制，只好和荀彧一起想办法应对局势，等待曹操到来。

豫州刺史郭贡听说了兖州的变故，以为有机可乘，带着数万兵马来到鄄城城下，要见荀彧。城内有传言郭贡已与吕布同谋，不可信。夏侯惇也劝荀彧说，君乃一城长官，此去危险，最好还是不去。荀彧分析说："郭贡与吕布没有什么交情，不至于帮助吕布。他们大军来得这么快，肯定与吕布无关。我去见他，纵使不能为我所用，也不至于让他帮助敌人，能够保持中立就好。如果不见，激怒了他，相当于给自己又树了一个敌人。"荀彧从容出城，郭贡见他从容不迫，毫无惧意，知道鄄城一时半刻攻不下来，就主动退兵了。

吕布攻打鄄城，没有攻下，将军队驻扎在濮阳。

曹操匆忙从徐州赶回来，了解了情况，握着荀彧的手真诚地说："如果不是你，我将无家可归了。"听到吕布驻兵濮阳，又长长地舒了一口气，说："吕布要是把军队安扎在东南的险要地带，掐断我回兖州的退路，我就危险了。现在屯兵濮阳，说明他有勇无谋。"

每次最危险的时候，曹操都能看到有利的一面，表现出乐观情绪。

八月，曹操主动进攻濮阳城。双方都是有备而战，互有胜负，于禁破了吕布的两个大营，曹操亲率的青州兵则被打败。

曹操意识到硬攻难以奏效，便想出其不意地给敌人以打击。吕布有一支军队驻守在濮阳的西边，曹操夜里偷袭，得手。回军时，刚好撞上吕布亲自前来增援。两支部队战到一块儿，从夜里战到白天，又从日出战到太阳偏西，战得难分难解。曹操把军队中的勇士组织起来，准备一鼓作气攻陷敌阵。陈留人典韦冲在最前面，吕布阵营的箭像雨线一样射来，典韦看也不看，对身边的勇士说：等接近敌人十步的时候提醒我一下。一会儿，有人喊：只有十步了。典韦仍然不抬头，说：五步再喊我。这时有人惊叫：敌人到眼前了！典韦拿着戟大喝一声跳了起来，冲入敌阵。在典韦的拼命抵挡下，曹操得以抽身退军。回到营寨，曹操任命典韦为都尉，让他指挥数百人做自己的贴身护卫，负责守卫自己的营帐。

硬的不行，只有智取。曹操策反了濮阳城中一田姓大户作为内应，晚上从东门攻入濮阳城。入门后，为显示破釜沉舟之志，他一把火烧了东门，决意不再返回。结果在城中与吕布军战斗不利，深陷重围。吕布骑着赤兔马，手握丈八矛，到处寻找曹操。他的部下捉住了曹操，但他不认识，一把抓住曹操的衣领问："曹操在哪里？"曹操指着另一个方向说："骑黄马逃走的那个人就是曹操。"吕布放下曹操拍马追去，曹操才得以从大火中突围出来。

遭遇大败，但曹操毫不气馁，又马上布置制造器械，再次进攻濮阳。但吕布勇猛，始终未能破城。双方相持了一百多天，谁也无法取胜。秋收时节，发生了蝗虫灾害，庄稼颗粒无收，双方军粮供给不上，曹操带兵退回鄄城，各自休兵。

第二年春天，双方再战。这次曹操改变了战术，不去进攻濮阳，而是进攻兖州的其他地方。吕布派兵支援，曹操趁其立足未稳，打他个措手不及。就这样，一点一点地削弱吕布，收复了兖州的一些城池。

五月，双方在乘氏（今山东巨野县境内）这块地方迎来了决战。曹操设计让吕布中了埋伏，大破其军。

这一场战斗富有戏剧性。曹操在乘氏粮草不足，派军队外出收割田里的麦子，军营里士兵不足千人。恰巧这时，吕布领兵来了。怎么办？曹操命令妇女们到营寨的围墙上防守，把其余士兵集中起来，单等吕布杀进营寨时进行战斗。营寨的西边是河堤，堤上树木幽深，荫翳蔽日。吕布来到营寨边，看见营寨里静悄悄的，只有妇女拿着武器守卫，大惑不解。又看见旁边的河堤，是藏兵埋伏的好地方，于是警觉起来。他对陈宫说："曹操用兵诡计多端，我们不要中了他的埋伏。"陈宫也搞不清楚什么状况，为安全起见，先退兵到十里之外。

安营扎寨完毕，吕布陈宫派人到树林里侦探，结果根本没有伏兵，大为懊悔。

晚上，在外收麦的士兵回了营，曹操将计就计，命令精兵埋伏在大堤的树林中，留一小半兵力在树林外。

第二天，吕布又来挑战，看到树林外的士兵，直接掩杀过来。林外士兵且战且退，把吕布引进了包围圈。吕布的队伍死伤严重，溃不成军。

这是原版的空城计，所谓诸葛亮的空城计，只是移花接木和艺术加工。

吕布无处可走，只好投奔徐州。其时陶谦已经病死，刘备接替徐州牧。而张邈还不甘心，到袁术处求救，半路上被部下杀死。张邈的弟弟张超率领家族坚守雍丘（今河南杞县），直到兴平二年（195）十二月陷落，张超自杀。

曹操用了两年时间，终于重新收复兖州。

好友张邈、亲信陈宫的背叛，在感情上对曹操造成巨大的打击。曹操将张邈的妻子儿女全部杀掉，夷三族。在以后的政治生涯中，他变得猜忌多疑，不再轻易相信任何人。

兖州战斗最困难的时候，袁绍派人劝说曹操投靠自己，并举家迁往邺城，实际上就是要把曹操家属扣为人质。曹操当时几乎失去信心，想答应下来。程昱及时劝阻，说："袁绍这样的人，尽管势力很大，但才智不足，最后不会成功，主公做他的下属，以后会有出头之日吗？主公难道忘记了自己的志向？"

程昱的话，再一次深深地震撼了曹操。他雄才大略，志在天下，而不是龟缩一隅，过平安、平静、平淡的生活，苟且世事。

他还想过放弃兖州，占领徐州。荀彧又及时劝阻了他。荀彧给他分析：

昔高祖保关中，光武据河内，皆深根固本以制天下。进可以胜敌，退足以坚守，故虽有困败而终济大业。将军本以兖州首事，平山东之难，百姓无不归心悦服。且河、济，天下之要地也，今虽残坏，犹易以自保，是亦将军之关中、河内也，不可以不先定。……前讨徐州，威罚实行，其子弟念父兄之耻，必人自为守，无降心，就能破之，尚不可有也。夫事固有弃此取彼者，以大易小可也，以安易危可也，权一时之势，不患本之不固可也。今三者莫利，愿将军熟虑之。

荀彧把兖州之地比作汉高帝的关中、汉光武帝的河内，是曹操事业的根本。如果放弃兖州，去攻打徐州，是舍大取小，远安就危，动摇根本，不利于成就大业。这一段话，很好地阐述了根本和枝梢、主要和次要、长久和当下的关系，对曹操雄霸天下具有战略指导意义。

在最危难的时候，有荀彧、程昱这样的谋士，确是曹操的大幸。

"任天下之智力"，曹操确实抓住了争霸天下的关键。

带头大哥的高光时刻

听从荀彧的劝告，曹操放弃了攻打徐州的打算。荀彧又给曹操指了一条明路：豫州无主，我们可以把兖州作为根据地，向西南发展。于是，曹操以黄巾军作乱为由，率兵在颍川郡许县（今河南许昌）一带进击黄巾军，随即占领许县，将势力发展到了豫州。

颍川郡是荀彧的家乡，荀彧以这种方式荣归故里。

当然，这次军事行动有更深远的意义。荀氏是颍川郡的大家族，在这里有盘根错节的势力。曹操到达颍川，能够借助荀彧的关系，取得当地豪绅的支持，稳固其统治。鲍信很早就向曹操提出"规大河之南，以待其变"的战略，按汉代黄河流向，兖州、豫州都算黄河南岸，但兖州离袁绍势力太近，在袁绍的羽翼下，没有自主发展的自由，现在有了颍川，在兖州之外开辟新的根据地，为发展河南势力，摆脱对袁绍的依赖创造了条件。

放弃攻打徐州，还因为徐州形势已经今非昔比，发生了根本性变化。

陶谦病重时，嘱咐别驾糜竺："非刘备不能使徐州安定。"别驾是刺史的副官，糜竺是当地富商，在徐州举足轻重。陶谦死后，糜竺迎接刘备，刘备极力推辞，后在徐州典农校尉陈登、北海国相孔融的劝说下，才就任徐州牧。

黄巾军起事时，刘备因军功被封为安喜县尉，后来又担任过下密县丞、高唐尉、高唐令等小官。天下大乱后，投奔公孙瓒，为别部司马。公孙瓒与青州刺史田楷结盟，共同对付袁绍，派刘备去协助田楷，于是刘备就留在了青州，被任命为平原县令。

因为公孙瓒和田楷的关系，刘备一直站在袁术阵营，与袁绍为敌。不过，刘备是天下难得的英雄，很快意识到袁术阵营是没有前途的，他暗中又与袁绍的儿子袁谭勾勾搭搭，脚踩两只船，左右逢源。

曹操攻伐陶谦，田楷派刘备救援，刘备趁机脱离了田楷，成为徐州地盘上的第三方势力。

陶谦没有把徐州交给自己的儿子，而是交给了刘备，也是无奈的选择。如果他的儿子领徐州牧，曹操一定不会善罢甘休，这不是给儿子留家业，是在祸害子孙。刘备现在搭上了袁绍这艘船，曹操作为袁绍的小弟，没有理由不放过徐州一把。

刘备也明白这一点，当上徐州牧后，他公开背弃了陶谦时代的外交战略，拜袁绍为老大哥，改换阵营。即使这样，心里还是不安稳，将徐州治所迁到了下邳（今江苏睢宁县古邳镇），离曹操远一些。

吕布投奔徐州，刘备安排他驻扎在小沛，这个自己曾经住过的抗曹前沿阵地。

徐州易帜，让袁术老大不爽。建安元年（196）六月，袁术起兵攻打刘备。刘备使张飞守下邳，自己率军在盱眙（今属江苏淮安）迎战袁术。双方打了一个月，互有胜负，僵持不下。这个时候，张飞在下邳惹下大祸，他与陶谦旧将、当地权贵曹豹发生冲突，兵戎相见。曹豹知道打不过张飞，就暗中私通吕布，引吕布袭取下邳。等吕布赶到，曹豹已被张飞杀死，城中一片混乱，吕布趁机杀入城中，占领了下邳。

吕布反水，下邳失守，刘备夹在袁术、吕布之间，无处可去，于是请求投降吕布。吕布接纳了刘备的投降，安排刘备屯兵小沛。这样，吕布和刘备之间有了个戏剧性结果，二人转换角色，吕布成了徐州新主人。

世事无常，刘备也算大丈夫能屈能伸。

袁术攻打背叛了的徐州，另一阵营的老大袁绍也没有闲着，他同公孙瓒激战正酣。

朝廷任命的幽州牧原为刘虞，无奈公孙瓒在幽州势力太强，后来竟反客为主，杀了刘虞，自己占据了幽州。

初平三年（192）始，公孙瓒和袁绍开始了争夺地盘的战争，双方多次交锋，互有胜负，战成均势。

初平四年（193），袁绍大举进剿黑山军和黄巾军，占领了并州，势力进一步壮大，在对公孙瓒战争中逐渐占据上风。

公孙瓒最大的隐患还是后方不稳。刘虞在幽州深得人心，只是没有他恶毒，才被他杀掉。幽州人怀念刘虞，许多人想为他报仇。兴平二年（195），刘虞故吏鲜于辅推举燕人阎柔为将，召集胡、汉万余兵马，进攻公孙瓒安置的渔阳（今北京密云西南）太守邹丹。阎柔大败邹丹，斩首四千余级。乌桓峭王、刘虞之子刘和、袁绍部将麴义也加入鲜于辅，他们组成联军，集中十万士兵攻打公孙瓒，斩杀公孙瓒兵二万余众。幽州各地纷纷叛乱，响应联军，公孙瓒屡战屡败，只好逃到易京（今河北雄县西北）。

易京因易水（今大清河）过境而得名。公孙瓒众叛亲离，为防意外，在易水边修建了十多条壕沟，壕沟内堆筑多座土台，台高五六丈，上面又修筑营垒。众多土台中间的一座最大，高达十余丈，公孙瓒和妻妾们住在上面，不允许七岁以上的男人进入，处理公文靠绳索拴系着上上下下。公孙瓒疏远宾客，身边没有一个亲信，在土台上囤积三百万斛粮谷，自以为万无一失，实际上无异于行尸走肉。

趁着幽州内乱，公孙瓒无力南侵，建安元年（196），袁绍派长子袁谭进入青州，击败田楷、孔融，田楷投奔公孙瓒，孔融被朝廷征用。

又过了两年，袁绍攻破易京，公孙瓒自焚身亡。袁绍成了幽州新的主人，至此占据冀州、幽州、并州、青州，黄河以北皆姓袁，袁绍成为全国地盘最大、民众最多、军队最强的割据势力。他让长子袁谭守青州，次子袁熙守幽州，外甥高干守并州，自己带着小儿子袁尚坐镇冀州。这是带头大哥袁绍的高光时刻，袁绍经过七八年的奋斗，终于实现了"吾南据河，北阻燕、代，兼戎狄之众"的目标。

这也是袁绍和曹操的和平期，双方互相鼓励，互相支持，共进共荣，在各自的战场上叱咤风云，雄图霸业，蒸蒸日上。他们按照自己最初的规划，向着理想的目标一步一步地迈进。

第四章

奉迎天子，人生渐入佳境

皇帝沦落为乞丐

九岁之后，刘协的人生开始偏离轨道。他是汉灵帝的第二个儿子，庶出。如果汉室正常延续国祚，他的人生应该是这样的：

从小被封王，长在宫中，被父皇祖母宠着，被太监宫女侍候着，锦衣玉食，不谙世事。长大后，享受国俸，吟风弄月，飞鹰走狗，花天酒地。一生享乐安逸，无忧无虑。

不承想，前一天还在宫中和十四岁的皇兄刘辩嬉戏玩耍，第二天袁绍、袁术就带兵杀进宫中，鲜血溅在皇帝的宝座上，皇宫里到处是凄厉的哭泣声、哀号声。慌乱之中，他和皇兄被宦官裹胁，逃出洛阳。那一天的惊恐、颠簸，让他初尝动乱时节的艰辛狼狈。及至董卓接驾，本以为动乱成为短暂的插曲，生活就此恢复到过去的美好。哪里想到，董卓就是一只饥饿的豺狼，废掉皇兄，把他强拉上皇帝宝座。这宝座他真的不想坐，他希望过无忧无虑的童年，就像父亲在世的时候一样。但是身不由己，江山社稷是刘家的，可刘家人说了不算。

他还小，搞不懂朝政上的是是非非。不过有人替他操心，董卓一手遮天，大事小事根本不会跟他商量。这也无所谓，反正自己也不懂。但是，那个董卓好凶，对他说话狠巴巴的，好像随时会吃掉他。凶也不要紧，他让着董卓就是了。但董卓好残忍，当着他的面把大臣活活打死，血溅在朝堂，溅在宫殿的台阶上，血腥味扑面而来，他当时就晕倒了。而董卓，却哈哈大笑。

再后来，董卓死了。本以为这下子天下太平，可以过不用担惊受怕的日子了。然而董卓的部下又杀进长安，司徒王允也被杀了。

天，同样的暗，乌云经久不散。

谁种下的孽，让十岁的孩子忍辱负重？

转眼之间，刘协已经长成了十六岁的少年，虽然还是不当家，但偶尔可以就朝政发表一下意见。关中遭遇灾荒，粮食绝收，百姓饿死无数，十多万军队聚集在这里缺粮少食。刘协令侍御史侯汶把国家粮仓——太仓中的米谷煮成粥，赈济灾民。但侯汶克扣粮米，饥民死者如故。刘协生疑，亲自于御座前量米做粥，揭穿了侯汶，将其治罪。

刘协还是很聪明的，可惜生不逢时。

董卓在世时，带领的凉州军团是个战斗力非常强的整体，董卓死后，控制长安和关中的凉州军团，只是多个凉州军部落的联盟。将领们根据实力排出座次，但手下的部队各自为政，互不隶属。

关中无粮，军队也熬不住了。凉州军联盟三号人物樊稠要带军队出关中抢掠，头号人物李傕怀疑樊稠反叛，于是诱杀了樊稠，吞并了樊稠军队。这样一来，二号人物郭汜心中忐忑不安，怀疑李傕在清除异己，兼并其他势力，有朝一日会加害到自己。他先下手为强，率兵进攻李傕，凉州军团开始内讧，联盟土崩瓦解。

凉州军内斗，遭殃的除了百姓，还有汉室朝廷。为了占据主动，李傕劫持了天子刘协，郭汜针锋相对，扣押公卿大臣为人质。双方交战数月，难分难解。汉献帝多次劝二人和解，李傕仗着实力更强，不予理睬。

凉州军团另一部，屯兵在弘农郡（今河南灵宝北）的张济看二人两败俱伤，特地赶到长安为二人调停。李傕手下部将杨奉，则宣布脱离李傕，保持中立。李傕看形势发展对自己不利，只好同意罢兵休战，双方释放了扣押的天子和公卿。

恢复自由的汉献帝，趁机提出还都洛阳。汉献帝之所以想回洛阳，一来洛阳是后汉近二百年的法定都城，是后汉政权的根基所在，二来洛阳承载着汉献帝的儿时记忆，三来李傕、郭汜完全失去臣子之道，汉献帝急于摆脱他们。

兴平二年（195）七月，由杨奉、董承护驾，汉献帝逃离长安，决定东迁。

杨奉，原为白波军将领，后跟随凉州军阀李傕。白波军是黄巾军余部，活跃在并州和司隶河东郡一带。董承，原为董卓女婿牛辅的部下，牛辅死后，为献帝所用。

献帝一行离开长安不久，李傕、郭汜就反悔了，拉着张济一起追赶献帝。在弘农郡曹阳涧（今河南灵宝境内）附近，他们追上东迁的队伍，和杨奉、董承大战一场，朝廷百官和士兵死伤无数。夜晚，献帝露宿曹阳。杨奉、董承假意与李傕、郭汜和谈，暗地里派人到河东郡，召白波军首领李乐、韩暹、胡才以及南匈奴的右贤王去卑，一同救驾。在河东军的护送下，献帝才得以继续前行。

一路辗转，粮食早已食尽，衣服也已破烂不堪，随行大臣，在朝堂上滔滔不绝，到困境时没有一点生存能力，别说采果刨食，就是连乞讨都不会！一行人忍饥挨饿，困乏劳顿，唯一的愿望就是有个栖身之所，吃顿饱饭，穿件暖衣，睡个安稳觉。

到了陕县，队伍又被李傕、郭汜追上，把他们逼到黄河岸边。当时献帝身边的卫士已不足百人，经过商议，决定渡往黄河北岸，暂且到河东郡避难。

入夜，李乐找来渡船，献帝身边的宫女、侍者争先恐后上船。由于船只有限，董承、李乐用长矛阻拦他们，船上堆满了被砍断的手指。最后，只有献帝及身边数十人渡过黄河，进入了白波军的势力范围。

次年正月，献帝流浪在河东安邑（今山西夏县），河内太守张杨、河东太守王邑派人送来了米谷、布帛，东迁队伍才勉强得以温饱。献帝有感于国家动乱纷争，天子颠沛流离，觉得安邑这个名字吉利，于是改年号为"建安"。

李傕、郭汜见劫掠献帝无望，就放回了朝廷百官、宫女家眷，带着军队回到了关中。

七月，献帝到达洛阳。

洛阳一片废墟，残墙颓垣中，能住人的，只有过去大宦官赵忠的旧宅，献帝就暂时屈身于此。其他百官，连住的地方都没有，只好在断墙根下打地铺。吃的也供应不上，尚书郎以下的官，自己出去采野菜充饥。许多官员没有谋生能力，饿死在废墟瓦砾之上，还有些士兵与官员抢食，活活将官员打死。

这时的汉朝廷，急需诸侯伸出援助之手。

全国最有实力的诸侯，非袁绍莫属。

献帝流浪在河东时，离袁绍的并州非常近。袁绍的谋士沮授向袁绍建议说：

> 将军累叶辅弼，世济忠义。今朝廷播越，宗庙毁坏，观诸州郡外托义兵，内图相灭，未有存主恤民者。且今州城粗定，宜迎大驾，安宫邺都，挟天子而令诸侯，畜士马以讨不庭，谁能御之！

大意是，将军家族世代在朝廷做高官，最为忠义。现在天子流离失所，宗庙毁坏，各州、郡表面上举义兵，实际上相互吞灭，没有为保全社稷着想、为体恤百姓尽心的。现在将军占有的几个州、郡基本稳定，军队强大，百姓拥戴，这时候，应该把天子接过来，住在邺城。将军挟持天子对诸侯施号发令，蓄养兵马讨伐不驯服的军阀，还有谁能和将军抗衡呢！

袁绍听了沮授的建议，有点动心。但另外两个谋士郭图、淳于琼不同意沮授的看法。他们说：汉室衰败已经很长时间了，现在想要复兴恐怕很难。况且英雄并起，各自占据着地盘，聚集人马。所谓秦失其鹿，先得为王。

现在奉迎天子，做什么事情都得向他请示，听从他吧，我们的权力就小了，不听从吧，会被别人攻击抗命不遵。所以，沮授说的不是好主意。

楚汉相争时，蒯通劝韩信自立，说：秦失其鹿，天下共逐之。意思是秦朝失去统治地位，天下所有的英雄都在抢。郭图、淳于琼的意思是汉室不可救，还是集中精力争夺天下吧。

沮授仍然坚持，说如果咱们不早做决议，有人就要捷足先登了。但是袁绍只想自己当皇帝，觉得汉家天子已经没有什么价值了，不愿去抢着供奉汉帝牌位。

皇帝的剩余价值

沮授和郭图争论的核心，是汉家皇帝还有没有剩余价值。秦朝被天下人抛弃，汉朝为什么还要供奉呢？

其实秦末和汉末的情况不同。秦的前身，只是一个诸侯戎狄，纯粹靠武力征服六国，征服过程中又伴随着残酷与血腥，而且统一时日不长，只有短短的十四年，人心未附，特别是六国子弟，对其充满仇恨，谁跟秦帝国关系撇得越清，谁得到的支持越多。

汉朝不同。汉朝得到的是暴秦的天下，法理充分。汉有四百多年的历史，中间有无数荣耀光辉，天下人为之骄傲。尽管后期腐败，不少士大夫和豪杰缙绅对汉室还是充满感情的。特别是汉武帝"独尊儒术"之后，儒家忠君思想深入人心，姓刘的坐天下，在人们思想中已经形成了固有概念和思维惯性，人们要抛弃汉室的正统地位，需要时日。

袁绍忽视了这些因素，只看到奉迎天子的负担，看不到皇帝的剩余价值。

那些有想法的诸侯，譬如河内太守张杨，给献帝送去粮食、衣服，维修了洛阳的宫殿，希望能够利用皇帝的价值。汉献帝封张杨为安国将军，假节开府。不过张杨势力弱小，还抵不上长安随从过来的杨奉，挟天子以令诸侯？实在是力不从心。

议郎董昭环视宇内，认为只有曹操最适合奉迎天子，于是暗地里请求曹操入京。

董昭，字公仁，济阴定陶（今山东定陶）人。董昭一开始跟着袁绍做事，被任命为魏郡太守。董昭的弟弟在张邈军中，袁绍对董昭很不放心，于是董昭找个借口，以觐见汉献帝为名，借机摆脱了袁绍。去长安途中，路过河内，河内太守张杨爱其才，将其留在了河内。献帝东归，到达安邑时，张杨觐见天子，董昭随从，被拜为议郎。

董昭了解到，曹操早就有亲近朝廷的打算。

曹操的东郡太守是袁绍"表奏"的，说穿了，是袁绍私下分封的。曹操自领兖州牧后，派人去长安表示忠心，到河内时被扣留。董昭劝谏张杨："袁绍和曹操现在虽然是一家，但早晚会分道扬镳。曹操力量虽弱，却是不世英雄，你应该抓住机会与他结交。"这样，张杨主动向朝廷通报曹操的情况，并上表举荐。

兴平二年（195）十月，朝廷正式认可了曹操的兖州牧。曹操向朝廷暗送秋波，董昭正好作为内应，迎接曹操入朝。

其实，关于要不要奉迎献帝，曹操阵营也有诸多争议。

早在初平年间，毛玠就向曹操建议："夫兵，义者胜，守位以财。宜奉天子以令不臣，修耕植，畜军资，如此则霸王之业可成也。"大意是，战争的事情，合乎正义的才能取胜，保守权位需要资本。因此，应当拥戴天子以命令那些不肯臣服的人，致力于耕种养殖，积极储备军用物资，这样称霸称王的大业就可以成功了。

当时没有奉迎天子的条件，现在机会来了，可是多数人不同意，他们的理由是天下大乱，外敌环视，而洛阳情况也很复杂，杨奉勾结张杨，势力也不小，暂时还不能控制他们。如果奉迎天子，内忧外患，不是明智之举。这时候，荀彧力排众议，他对曹操说："将军虽然在外面东征西伐，挽救国难，但心中无时不牵挂着朝廷。因为匡扶天下是您的一贯志向；尊奉天子以顺从民意，这是最大的趋势；大公无私以降服诸侯，这是最大的策略；弘扬正义以招揽英雄，这是最大的道德。"他还举历史的事例以增加说服力：周襄王被弟弟赶出京城，晋文公接纳了他，所以各国推举晋文公为霸主；秦末，项羽、刘邦等反秦武装尊义帝为共主，义帝死后，刘邦为义帝发丧，身穿孝服，所以天下归心。曹操认为荀彧说得有理，接纳了他的建议。

虽然经过战争、杀戮、背叛，曹操已不似年轻时单纯，但这个时候，他廓清宇内、匡扶汉室的志向还有残存，他对汉家朝廷的尊重，至少比其他诸侯要多几分，这是他愿意奉迎天子的思想动机。

从功利上讲，还有一个重要原因，袁绍、袁术有四世三公、门徒故吏遍天下的显赫出身，刘表、刘备有汉室皇家的高贵血统，在诸侯纷争的乱世，出身和血统具有号召力、影响力，是争取世家望族支持的标签。而曹操缺乏这样的资源，只能跟在袁绍后面摇旗呐喊。他太需要一面旗帜，一面号召天下、聚拢人才的旗帜！汉献帝，就是这样一面张扬醒目的旗帜。

他马上派曹洪去奉迎献帝。不料，皇帝身边的势力并不买账，曹洪被拒绝在路上，连献帝的面也没见到。

董昭给曹操出主意，利用张杨、杨奉、董承，还有韩暹之间的矛盾，适时介入。洛阳诸势力中，杨奉兵马最强，但内外同盟少，政治影响力不大。董昭假借曹操的名义给杨奉写了封信，表示愿意和杨奉结成盟友，愿意做杨奉的外援，并为杨奉提供粮食，共进共荣，生死与共。信写得情真意切，杨奉果然上当，对身边人说："兖州诸军就驻扎在许县，有兵有粮，可以作为国家的依靠。"他还没有得到曹操的粮食，就先推荐曹操为镇东将军，承袭父亲曹嵩的爵位为费亭侯。曹操先后三次上书，谦称自己愚弱无能，受之有愧，表示推辞，献帝不从，曹操才接受下来。

曹操在政治上十分谨慎，皇帝凡有封拜，都要多次谦让，不管真心实意也好，做做样子也罢，尽量不授人以柄。

正当曹操和杨奉眉来眼去、积极谋求进驻洛阳之时，董承也向曹操抛来橄榄枝。原来，杨奉、张杨领兵在洛阳外围，董承、韩暹在宫禁中值卫，韩暹矜功专恣，董承受不了，想借助曹操的势力，暗中勾结曹操入京。这样，在董承的支持和引领下，曹操顺利地率兵进驻洛阳。

要安定洛阳局面，必须先打击其他军事势力，杨奉与曹操刚结为"同盟"，董承将曹操召至洛阳，这二者暂时不好翻脸，曹操便先对张杨和韩暹下手。他罗列了几条张杨、韩暹的罪状上奏给汉献帝，汉献帝以二人护驾有功，不予处置，但韩暹听到风声，害怕被诛，逃到杨奉营中躲了起来。

动不了这两个人，曹操只好先拿更弱的开刀，杀了尚书、侍中等三位大臣，又封赏了董承等十三人，借此树立起自己的威信。

曹操成为洛阳势力最大的人，控制了洛阳和朝政，被封司隶校尉，录尚书事。司隶校尉的职责是监督和弹劾京师官员，录尚书事是分管尚书台事务，而尚书台是帝国中枢，处理机要政务。两者职位不高，但都有实权。

时建安元年八月。距离献帝入京一月有余。

董昭、董承都不约而同地暗中召曹操入京，除了曹操积极性比较高，还因为曹操占据颍川后，势力毗邻洛阳。而其他诸侯，稍有实力的大都离京太远，如袁术在淮南；吕布、刘备在徐州，和洛阳中间隔着曹操；刘焉死后，儿子刘璋执掌益州，孙坚长子孙策在江东发展，和洛阳隔着千山万水；刘表在荆州，离得稍近，不过不思进取，对汉献帝也没有兴趣。

迎帝都许，占据政治制高点

新官上任三把火，曹操这三把火烧得有点旺：一是迁都入许，二是整顿吏治，三是完善规章。

洛阳在曹操势力边缘，毗邻张杨、李傕、郭汜、刘表，以及河东的黄巾余部白波军，曹操感到不放心。他把董昭叫过来，和他并肩坐在一起，向董昭询问对策。董昭帮助曹操分析说：

> 将军兴义兵以诛暴乱，入朝天子，辅翼王室，此五霸之功也。此下诸将，人殊意异，未必服从，今留匡弼，事势不便，惟有移驾幸许耳。

非常时期，应行非常之事，董昭鼓动曹操移驾许县，把许县作为都城。曹操权衡一下，也只有这样了。洛阳待着不安稳，兖州离袁绍太近。许县虽然新得，也无天险可守，可毕竟有当地士族支持，相对安全些。但曹操担心杨奉不肯，董昭认为杨奉有勇无谋，建议曹操采取连哄带骗的方式，稳住杨奉。他出主意说，一方面给杨奉送去重礼，让他心安，另一方面借口洛阳无粮，谎称先将皇帝接到鲁阳（今河南鲁山县）这个地方，方便许县供应粮草。等到了鲁阳，就由不得杨奉了。曹操连声称善。

汉献帝和几个大臣在洛阳受了不少苦，把断壁当屋，把瓦砾当床的日子不好受，他们也支持迁都。

说干就干，建安元年（196）八月二十七日，在外将毫无察觉的情况下，曹操迅速护送献帝移驾许县，将许县更名为许都。汉献帝诏曹操为大将军，封武平侯。同为侯爵，又有县侯、乡侯、亭侯之别，曹操前期承袭的费亭侯级别较低，武平侯属县侯，武平县即曹操封地，在今河南鹿邑县西北。

杨奉等一觉醒来，洛阳已经没有了献帝的影子。杨奉辛辛苦苦从长安护驾过来，现在皇帝悄没声息地跟别人跑了，心里不是滋味。他集结兵力，攻打许昌，要把皇帝重新夺回来，然而不是曹操对手，只好带着残兵败将投奔袁术去了。他的部将徐晃早就敬慕曹操，这次趁机倒戈投降。徐晃，字公明，河东杨县（今山西洪洞境内）人，随杨奉从长安护驾有功，在安邑时，被封为都亭侯。

许都是曹操的势力范围，完全在曹操的控制之下，曹操可以按照自己意愿重新组织内阁班子。

他罢免了司徒、太尉、司空和一些旧的官僚，提升了自己的职务，把身边的人、有才能的人推举到重要岗位上。

自己拜司空，行车骑将军。司空是三公之一，负责监察百官，代表皇帝接受百官奏事，管理国家重要图册、典籍，代朝廷起草诏命文书等。车骑将军是军职，地位仅次于大将军。有了这些职务，可以罢免官员，可以带兵打仗，加上之前的录尚书事，基本上做到了百官总己以听。

以荀彧为侍中，守尚书令。侍中是加官，表示可以直接为皇帝使用；尚书令是尚书台的首长，"守"在这里有兼职的意思。这样，荀彧成为曹操手下实际权力最大的官吏。

以程昱为尚书，拜东中郎将，领济阴太守，都督兖州事。东中郎将是武官官职，统领皇帝侍卫。程昱的职务，标示曹操对他的信任，把禁军和兖州都交给他了。

以毛玠为东曹掾，主管二千石以下官员和军职武官的选举和任免。

辟满宠为西曹掾，为许令。西曹掾主管曹操司空府内部掾属的录用，许令为许都的行政长官。满宠上任不久，曹洪的宾客违法犯禁，满宠将其拘押审讯。曹洪写信让满宠放了这位宾客，满宠不听，曹洪便向曹操告状。曹操召集许都的主要官员，满宠知道是要释放这位宾客，便迅速将宾客杀死。曹操得到消息，高兴地说："负责的官员难道不应该这样吗？"

迁董昭为河南尹。河南郡为京城所在地，其长官不称太守，称尹。

拜钟繇为御史中丞，迁中尚书仆射，并封东武亭侯。御史中丞为御史台长官，负责纠察百官；尚书仆射为尚书台副官。钟繇，字元常，颍川长社（今河南长葛）人，过去在朝廷担任黄门侍郎，传递皇帝诏令。曹操表奏他担任御史中丞，后来又迁任侍中、尚书仆射，为尚书令的副职。钟繇还是著名的书法家，《宣和书谱》评价他："备尽法度，为正书之祖。"唐人张怀瓘《书断》称其"秦汉以来，一人而已"。

各个官员到位，初平以来日益凋敝的朝廷有了振作的气象。然而，董卓践踏的不仅仅是人才，还有各项规章礼仪。规章礼仪体现了等级秩序，古人非常重视，孔子感叹"礼乐崩坏"，实际上是痛心过去的社会秩序遭到破坏。

要想重振朝纲，必须重修礼仪，严明典章。投奔袁绍的应劭对汉代官场礼仪有研究，著作了《汉官礼仪故事》，曹操以皇帝旨意让应劭重新整理朝廷制度、百官典式，在朝廷中推广实行。

朝廷稳定下来，一些士人或冲着曹操，或冲着汉室，或毛遂自荐，或被人引荐，或各地察举，纷纷聚拢许都。这些人才包括荀攸、郭嘉、杜袭、陈群、司马朗、刘馥、梁习等。曹操都给他们授予了官职。另外一些人，本来是地方长吏，或者一方诸侯，地盘被其他军阀侵占后，也回到朝廷。如北海国被袁谭攻破后，北海国相孔融来到朝廷，也受到曹操善待。

还有一些自恃清高的人，不愿为曹操所用，只要不危害曹操的权力，曹操都尽量容忍，妥善处理。孔融推荐一位叫祢衡的名士，曹操接见了他。但祢衡看不起曹操这样出身不高的暴发户，对曹操破口大骂。曹操一时气愤，埋怨孔融说："祢衡这个小子，我杀他就像杀只麻雀、老鼠一样。只不过这个人有些虚名，杀了他，外人会说我没有容人之量。"曹操想了个办法，把祢衡送给了荆州的刘表，让别人去处理这些用不了、杀不得的"刺儿头"吧。

安顿了内务，曹操要一试"奉天子以令不臣"的威力。他选择了拿袁绍开刀。

他以汉献帝的名义责备袁绍"地广兵多，而专自树党，不闻勤王之师，而但擅相讨伐"。袁绍诚惶诚恐，上书为自己辩解。曹操最初的官员调整计划，准备自己做大将军，任命袁绍为太尉。太尉虽是三公之一，但大将军位列三公之上。袁绍看到过去跟自己混的小弟职位升到自己之上，大怒，上表不受封拜。他愤愤地对身边人说："曹操几次被打败，都是我救了他。现在竟然忘恩负义，挟天子对我发号施令！"曹操势力比起袁绍还有很大距离，现在还不是决裂的时候，只好选择了隐忍。次年，他调整计划，自己任司空，行车骑将军，把大将军的封号给了袁绍。他派孔融持天子符节赴邺城，加封袁绍为大将军，赐给他弓箭、符节、斧钺和一百虎贲，让他兼管冀州、青州、幽州、并州四个州。虽然和袁绍没有撕破脸，但通过迎帝都许，他不需要像过去一样处处受袁绍掣肘了。

这一年，曹操四十二岁，他的人生从此臻入佳境。

曹操成了汉室朝廷的代表，他要考虑的不能只是自己的地盘和利益，而是天下。

经过几年的攻略征伐，天下形势已经发生了很大变化。袁绍、袁术两大联盟基本瓦解，大诸侯各自为政，小诸侯被打败、兼并，弱肉强食，强者愈强。

袁绍基本占有冀、幽、并、青四州，四州人口稠密，粮食丰沛，在诸侯中实力最强。

公孙度霸辽东。公孙度原为辽东太守，所辖地理位置偏僻。趁中原军阀无暇顾及，公孙度屡次用兵，东征高丽，西击乌桓，雄霸辽东半岛，甚至跨海占有山东半岛一些地区。汉末称辽东为平州，公孙度便自封为平州牧。

吕布拥徐州。献帝在河东困顿时，曾下令吕布勤王。无奈路途遥远，中间又隔着强大的曹操，加上自身粮食也不富裕，吕布只能望帝兴叹。

袁术据淮南。匡亭战败后，袁术退到寿春，自领扬州牧。后刘备、吕布内讧，袁术趁机夺了徐州南部一些地盘。

孙策经营江东。孙策，字伯符，吴郡富春（今浙江富阳）人。孙策乃孙坚长子，孙坚在荆州战死，袁术吞并了孙坚的人马。孙策回到家乡江东，守孝毕，到寿春向袁术讨回孙坚旧部，在当地士族张纮、周瑜等人的支持下，赶走朝廷新任命的扬州刺史刘繇，逐渐在江东站稳了脚跟。汉代所谓江东，即现在所指的江南，因长江在秣陵（今江苏南京）上游基本为南北走向，故而得名。古代以东为左，因而也称江左。

刘表有荆州。荆州战事相对较少，许多士民逃离中原，到荆州避难。比如徐州琅邪大族诸葛氏，隐居荆州南阳郡，其中佼佼者诸葛亮，自称卧龙，躬耕卧龙岗，静待明主。

张绣守南阳。凉州军张济因关中缺粮，到荆州抢掠。刘表让他驻兵南阳，为荆州守北门户。不久，张济中流矢而死，侄子张绣接管了部队。

刘璋偏安益州。刘焉死后，其子刘璋继任益州牧。而刘焉原部属张鲁，不服刘璋领导，又割据汉中。

关中地区，李傕、郭汜继续为虐，马腾、韩遂则占有陇西。

作为汉帝国的实际控制人，曹操的任务，就是在以后的岁月里，将这些军阀势力一一铲平。

第五章

天下英雄谁敌手

那一夜，血雨腥风

对那些割据势力，从谁家开刀呢？从感情上讲，他最想征战徐州，他在这里留下了太多的恩怨情仇。从地理位置上讲，他需要首先平定南阳。南阳离许都最近，对许都的威胁最直接。从法理上讲，他最应该讨伐袁术，因为建安二年（197），袁术公然称帝，国号"仲"。吕布、张绣、袁术三方，考验着曹操的政治智慧。当然，曹操是清醒的，并没有被情绪左右，经过深思熟虑，他决定还是先取南阳。不解除南阳的威胁，就难以全力以赴对外用兵。

建安二年（197）正月，曹操南征张绣，军临淯水（今白河），张绣自知不敌，举众投降。曹操得到南阳，率部队进驻宛城。

本来战事就此结束，接下来收编张绣的军队，让张绣换个地方任职，兵不血刃，两相欢喜。不过，有时一件小事往往会改变历史事件的过程和结局。曹操这次看中张绣的叔父张济的遗孀，张济死后她一直住在宛城，没有改嫁。曹操将她带到军营中，日夜为乐，不理军务。

也许是军事太顺，让曹操得意忘形，竟全然没有考虑张绣的感受。果然，张绣得知消息，感到蒙受了羞辱，非常恼怒，决意进行报复。

张绣一介武夫，却有一位非常杰出的谋士，叫贾诩。

贾诩，字文和，凉州姑臧（今属甘肃武威）人。贾诩号称天下第一毒士，原为董卓部将，董卓死后，李傕、郭汜出逃，贾诩献计，怂恿二人反攻长安，由是使长安乱局延续了五年。献帝东归后，贾诩也离开李傕、郭汜，辗转成为张绣谋士。张绣对贾诩言听计从，曹操兵临淯水，就是听从贾诩的规劝，才投降了曹操。

贾诩为张绣筹划了报复方案。

张绣找个借口，请求曹操批准自己的部队经过曹营迁出城外。曹操没有多想就同意了。夜晚，路过曹营的部队突然对曹操发动进攻。曹操没有任何防备，被打得措手不及。曹操的侍卫长、骁将典韦，为了掩护曹操撤退，战死在营寨门前。曹操落荒而逃，张绣的士兵紧追不舍，曹操战马被箭弩射伤，长子曹昂将自己的坐骑让了出来，曹操才逃离危险。不过风华正茂的曹昂被乱军杀死，侄儿曹安民也在这次战斗中身亡。

这次战斗损失严重，特别是长子曹昂因他而死，给他的家庭生活带来麻烦，也使他在选择继承人上长期犹豫不决。

曹昂，字子修，为曹操妾刘夫人所生，刘夫人是原配丁夫人的侍女，丁夫人无子，视曹昂为己出，十分溺爱。曹昂死后，丁夫人不能原谅曹操，愤然回了娘家。后来曹操多次登门赔罪，也未能让丁夫人回心转意。有一次丁夫人在织布，曹操抚摸着她的背，温柔地说："我们一起坐车回家去，好不好呀？"丁夫人不理他。曹操只得离开，走到门外时，又回过头来问："跟我回去，行不行呀？"丁夫人还是没有理他。终其一生，丁夫人都没有原谅曹操。

宛城兵变后，张绣乘胜又占领了原属于曹操的几个城池。曹操派大将曹洪率军进击，未能收复。当年十一月，曹操再次亲征。到淯水边的时候，曹操满含热泪，为宛城兵变中阵亡的典韦等烈士举行了盛大的祭奠仪式。随后攻占了湖阳（今河南唐河境内），收复了舞阴（今河南泌阳境内）。张绣被迫退到穰县（今河南邓州一带）。是谓二征张绣。

建安三年（198）三月，曹操三征张绣。军师荀攸认为征伐时机不当，张绣和刘表正在和平期，有刘表的支持，南阳不可能轻易拿下。不如稍微缓一缓，时间长了，张绣和刘表必然产生矛盾，那时张绣孤立无援，就难以持久了。曹操没有听从荀攸的建议，结果征伐又一次劳而无功。恰好这个时候，袁绍谋士田丰建言，趁曹操后方空虚，袭击许都，抢夺汉献帝。得到这个消息，曹操只得再次退兵。

这次战斗的精彩之笔发生在退兵途中。张绣打算追击曹操，贾诩劝阻："不可追，追必败。"张绣不信，果然大败而归，正在懊悔没有听从贾诩之言，贾诩却又建议再次追击，再追必胜。张绣想不通这个理，说一开始你不让追，兵败了又让追，这追与不追，到底有什么讲究，是什么谋略？贾诩为张绣释疑解惑："将军虽然善于用兵，但还不是曹操的对手。曹操着急退兵，必然亲自断后。这时你追杀过去，当然打不过他。曹操打退了你的追击，以为没有危险了，必然轻车速进，只留其他将领断后。其他将领又不是你的对手，所以第二次追击，就能够取得胜利。"

贾诩真的把谋略拿捏到毫厘之间。

袁绍为了抑制曹操发展，想拉拢张绣。他派使者试图说服张绣一起夹击曹操。当着袁绍使者的面，贾诩毫不客气地予以回绝："兄弟不能相容，而能容天下国士乎？"张绣怕得罪袁绍，十分惊恐。贾诩却劝说张绣归降曹操。张绣说："袁绍强，曹操弱，我与曹操又有杀子之仇，怎么可以投降曹操！"贾诩为张绣分析："曹操挟天子以令诸侯，在道义上我们应该投降曹操；曹操势力弱，会更重视我们，从利益上考虑，应该投降曹操；曹操雄才大略，志在天下，需要广纳人才，会对将军冰释前嫌，给天下人做出榜样，所以投降曹操，也是非常安全的。"贾诩最终说服了张绣，建安四年（199）十一月，张绣带着队伍归降了曹操。

曹操过去战而不胜，现在不战而胜，意外惊喜。他果然没有为个人恩怨所羁绊，封拜张绣为扬武将军，还让儿子娶了张绣的女儿，结成亲家。

曹操最高兴的还是得到了贾诩。他拉着贾诩的手说："你在天下人面前为我赢得了信誉！"他指的是贾诩规劝张绣投降，使自己有机会展示不计前嫌的度量。朝廷拜贾诩为执金吾，封都亭侯，遥领冀州牧。执金吾是保卫京城的军官，秩二千石，跟九卿同级。

"当涂高"，袁术的皇帝梦

孙坚随联军讨伐董卓时，在洛阳皇宫的枯井中得到传国玉玺。后来孙坚被袁术派去打刘表，战死，袁术不仅吞并了孙坚的人马，而且把孙坚的夫人软禁起来，逼迫她交出了传国玉玺。有了传国玉玺，袁术就开始做起皇帝梦来。

按照阴阳五行的说法，后汉属火德，火生土，接下来的朝代应该是土德。袁术认为袁氏出自陈姓，陈姓是舜的后代，而舜属土德，所以袁氏为土德，应该取代汉。后来，他又听说一句谶语，云："代汉者，当涂高也。"这句谶语隐藏着什么样神秘的预言呢？袁术琢磨这句谶语，终于又跟自己联系起来了："涂"跟"途"通假，道路的意思。袁术的"术"，繁体字由一个"行"字和一个"术"字组成，本意是城邑中的道路；袁术的字"公路"，也是道路的意思，袁术坚信"当涂高"指的就是自己。天命所附，拒之不祥。于是，登基称帝这个别人敢想不敢说的事情，袁术迫不及待地就去做了。

袁术于建安二年（197）五月称帝，消息一出，众叛亲离。他的附属孙策率先同他绝交，并劝说自己的亲朋好友不要同袁术来往。吕布本来答应和袁术结成儿女亲家，女儿已经在去淮南的路上了，当地望族、沛国相陈珪制止说，袁术谋逆，与袁术结亲，必受不义之名，恐有累卵之危。吕布本是个没主意的人，便把女儿追了回来，将袁术的迎亲使者押解到许都斩首示众。

袁术僭号自立，就要任命百官。可是却没有人愿意到他的伪朝廷做官。他任命金尚为太尉，金尚不干，逃走了，结果被袁术杀死。他写信给陈珪，邀请陈珪到他的小朝廷做官，被陈珪正言斥责。如此违逆，弄得人人讨厌，可袁术鬼迷心窍，还要一意孤行。

曹操无暇亲自讨伐袁术，就挟天子以令诸侯，让孙策和吕布从南北两面夹击袁术，钳制其势力发展。

朝廷加封吕布为左将军，按惯例吕布应当派使者谢恩。吕布派的使者是陈珪的儿子陈登，他还让陈登向朝廷请求正式任命他为徐州牧。谁知徐氏父子早就有心投靠曹操，陈登便请曹操早日对吕布下手。曹操很高兴，将陈珪的官职提升到二千石，任命陈登为广陵太守，让他回去潜伏起来做内应。陈登回到徐州，吕布很不高兴，抢起手边的戟一下子砸碎了眼前的桌子，喊道："你父亲劝我协同曹操，不与袁术通婚。现在你们父子都封了官，我却一无所得。我被你们父子卖了！"陈登不慌不忙地说："我求曹操给将军加封，说老虎只有吃饱了才不伤人。曹操说将军不是老虎，是只鹰，只有饿着才抓捕猎物。"吕布这才稍微平息了自己的愤怒。

吕布还未动手，袁术先发制人，已经攻了过来，要治吕布悔婚之罪。他派大将张勋、桥蕤同杨奉、韩暹合兵，率骑兵步兵数万人，分七路浩浩荡荡向徐州杀来。当时吕布仅有三千兵力、四百匹马，双方力量悬殊。吕布一时有些恐惧，不知如何应对，陈珪劝说，同来的四位大将不和，可以分化他们。吕布和杨奉、韩暹都曾是董卓的部下，相互熟悉，吕布便写了一封信，策反二人，承诺为二人提供钱粮。杨奉、韩暹临阵反戈，和吕布一起打败张勋，活捉桥蕤。吕布一直追击到淮河北岸，袁术派出的部队几乎全军覆没。

几乎同时，曹操以朝廷的名义诏拜孙策为骑都尉，袭爵乌程侯，领会稽太守，命其讨伐袁术。孙策嫌骑都尉的名号小，于是朝廷临时加封其为明汉将军。

孙策率部队讨伐袁术的路上，吴郡太守陈瑀要乘机夺取孙策地盘，孙策派吕范、徐逸统兵攻打陈瑀，俘获他的将士、妻儿等共四千多人，陈瑀只身投奔袁绍去了。

接下来，孙策赶走袁术所派的丹阳太守袁胤，平定宣城以东地区，迎回在袁术麾下任职的吴景、孙贲、周瑜、鲁肃等，使得袁术丧失广陵、江东大片土地，对袁绍势力给予了有力打击。

南北两线失利，地盘受到压缩，袁术大为窘迫，军队粮草也难以为继。他向西边的陈国讨要粮草，被陈国相骆俊拒绝，袁术恼怒之下，派刺客杀死了骆俊。

九月，正是打击张绣的空档期，曹操亲率部队，攻打已经狼狈不堪的袁术。袁术外强中干，此时连抵抗的勇气都没有，丢下军队独自向南面逃去。曹操在蕲阳（今安徽宿州）遭遇被袁术遗弃了的部队，将其彻底击溃。

曹操军队路过陈国的时候，听说陈国何夔贤能，辟为掾。曹操向何夔问计，何夔答道："上天只会庇佑顺应大势的人，民众只会支持有信誉的人。袁术既没有信誉，又不能顺应大势，还希望得到上天庇护和民众支持，怎么可能有这样的事！"曹操感慨地说："为国失贤则亡。先生这样贤能的人袁术都不能用，灭亡，不是应该的吗！"曹操性情严厉，属下经常因为公事受到棍棒的责打，何夔认为这是对读书人的侮辱，随身携带毒药，如果受到责打就服毒自尽。但他从来没有受到过责打。

曹操这次征伐，还得到一员大将，那就是许褚。许褚勇力过人，聚集千余人纵横淮河、汝河流域，见曹操兵来，主动归顺了曹操。曹操大喜："你就是我的樊哙呀！"樊哙是汉高帝刘邦手下的勇将。于是拜为都督，引入宿卫。

前任太尉杨彪的妻子是袁术的姑姑，曹操不喜欢这个杨彪。袁术被击败后，回到许都，他拿袁术僭越说事，将杨彪下狱，要治杨彪的罪。

杨彪出于弘农杨氏，同为望族，为人正直，亦有学问。前渤海太守、现任将作大匠孔融非常尊敬他，向曹操讲情，曹操推说这是皇帝的意思。

孔融气愤地说:"假使成王杀召公,周公能说不知道?"周公和召公是西周成王时最重要的两个辅佐大臣,掌握着朝廷的实际权力,甚至于可以凌驾于周成王之上,与曹操和汉献帝的情况正好相当。曹操说不过孔融,便指示许令满宠按律审讯定罪。

想要营救杨彪的还有尚书令荀彧,他和孔融都向满宠交代说:"不要对老人家用刑。"满宠不以为然,仍然按一般案件办理,包括拷打问讯。荀彧和孔融非常不满,又无可奈何。隔了几天,满宠向曹操汇报:"拷问过杨彪了,什么也不肯说。此人海内外名气很大,如果不明不白地定了罪,恐怕会让天下人议论。我为明公感到惋惜啊。"曹操找不到好的理由治罪,就放了杨彪。荀彧、孔融这才知道满宠是最会做事的人,由此对满宠刮目相看。

有一种孤独叫找不到自己

从建安二年（197）到建安四年（199），曹操征张绣、讨袁术，很忙。可就在忙碌的当儿，他还抽空安定了关中，纳降了刘备，诛杀了吕布。几件事情搅扰在一起，有关联，有纠缠，但都没耽搁。

先说关中。

建安二年（197），汉献帝东迁不久，郭汜在关中被部下杀死，余部被李傕兼并。关中严重缺粮，部队战斗力低下。由于凉州兵分裂，关中还有大大小小军阀十数个，各部除马腾、韩遂外，都很弱小。

是年冬天，曹操以朝廷名义诏令驻扎在华阴的凉州旧将段煨，以及关中其他将领一起讨伐李傕。汉献帝派谒者仆射裴茂前去督军。翌年四月，李傕退守黄白城（今陕西三原县东北），被击败斩首，首级送到许都，汉献帝命令高挂在街头示众，表达他对李傕的强烈痛恨。曹操下令夷灭其三族。

建安四年（199），为了稳定关中局势，曹操接受荀彧建议，派钟繇以侍中身份领司隶校尉，持节督关中各路人马。钟繇到长安后，给马腾、韩遂等写信，陈述利弊祸福。因为钟繇为皇帝所派，各路将领不敢公开对抗，表示臣服。马腾、韩遂还把儿子送到朝廷作为人质。关中诸军暂时安宁。

再说徐州。

徐州这个小地方盘踞着吕布和刘备两个超级英雄，吕布在下邳，刘备依附于他在小沛。吕布寡恩，不善于笼络人，而这正是刘备的强项。久而久之，刘备反而发展得比吕布快。吕布眼看身边这只小老虎变成了大老虎，害怕有一日被反扑，难以收拾，小沛也不让刘备待了，将刘备赶了出去。

刘备无处安身，投奔了曹操。这时曹操还是把吕布当作主要敌人，对穷途末路的刘备没有太高警惕。为了遏制吕布，曹操对刘备重新进行了武装，表荐他为豫州牧，给兵，给军粮，让他重新回到小沛。吕布派最得力的大将高顺和张辽进攻刘备，曹操派夏侯惇救援，结果还是失败了。

建安三年（198）九月，曹操在击败袁术之后，马不停蹄，于次月亲征吕布。他很顺利地占领了彭城，这个给他惨痛记忆的地方，让他再次失去理智，又一次屠城。然后在陈登的接应下，攻打下邳。吕布出兵与曹操作战，不敌，退回城中。曹操本想招降吕布，跟随吕布的陈宫怕曹操不会原谅自己，劝阻吕布说："将军率一支部队驻扎城外，我率其余的部队守在城里。曹军攻城，你来救我；曹军攻打将军，我带兵在后面袭击他。不出一个月，曹军粮草用尽，我们展开反攻，曹军必破。"这个主意并不高明，曹军可以有很多因应之策。但目前形势下，也是无奈之举。吕布打算采纳陈宫的战术，但吕布的妻子私下向吕布进谏："将军守外，高顺势必守城。陈宫与高顺不和，把二人放在一起，反而容易滋生变故。"她还指出陈宫不可信。吕布听信了妻子的话，守城不出。

吕布便暗中向袁术求救。袁术和吕布的关系十分微妙，有时和平协作，有时又兵戎相见。两人在诸侯中口碑不好，没有朋友，只好抱团取暖。但二人又都见利忘义，所以经不住利益诱惑，反目成仇。不过袁术正恓惶不定，哪里有能力救吕布。吕布见袁术不救，以为袁术恼怒于自己反悔婚事，亲自把女儿绑在马上，趁夜里将女儿送出城外，又被曹操军士用乱箭射回。

围城近一个月，久攻不下，士卒疲惫，曹操产生退兵之意。荀攸、郭嘉劝阻，分析说：

　　吕布勇而无谋，今三战皆北，其锐气衰矣。三军以将为主，主衰则军无奋意。夫陈宫有智而迟，今及布气之未复，宫谋之未定，进急攻之，布可拔也。

大意是，吕布勇而无谋，陈宫善谋但反应迟钝，现在正是消灭吕布势力的好时候。曹操听从他们的劝告，引来沂水、泗水灌城。又过了两个月，下邳城实在坚持不住了，军心更加动摇。有一次吕布登上城楼，向城外的曹军喊话说："你们不要逼我，我正准备向明公投降。"陈宫在一旁厉声喝道："曹操就是个逆贼，怎么能称呼他明公！现在投降就好像把鸡蛋放到了石头堆里，哪里能够保全？"吕布手下一些将领因为喝酒被责罚，这些将领便将陈宫、高顺捆绑起来，交给曹操，出城投降。吕布知道大势已去，带着几个亲随登上下邳南城墙的白门楼，指着城外曹军，要求亲随割下他的脑袋献给曹操。部下不忍，吕布只好自己走出城外，投降曹操。

曹操下令将吕布捆绑起来，吕布嫌绑得太紧，求曹操绑得松些，曹操说："缚虎不能不紧呀。"吕布向曹操乞求活命："明公所担心的是吕布，现在吕布已经服明公了，天下没有什么可忧虑的了。如果明公统率军队，我愿做先锋，何愁不能统一天下！"明公是对上位者的尊称，显示吕布已经降服。

曹操爱才，有点动摇，刘备在一旁不紧不慢地进谗言道："明公您看见吕布是如何侍奉丁建阳（丁原）和董太师（董卓）的吗？"这句话是提醒曹操，吕布反复无常，弑主求荣。曹操于是下令将吕布斩首。吕布瞪着眼睛骂道："大耳贼，最不讲信用！"

其实曹操期待的就是刘备这句话。曹操担心的是，杀吕布，恐天下诸侯寒心，不再降顺。有了刘备背这个黑锅，曹操理所当然地杀了吕布。

吕布，这位不可一世的英雄，一生活在出卖与利用中。他出卖了丁原、董卓、刘备，陈登、陈宫、刘备利用了他。他一生孤独，不仅没有朋友，而且找不到自己。他没有明确的理想和目标，没有原则和信仰，随波逐流，反复无常，不知道自己应该做什么，不知道应该同谁结盟，应该忠于谁、信任谁。

士兵把陈宫押了上来，曹操问："你平生自以为智谋有余，今天感觉如何？”陈登指着吕布说："这个人不听我的话，才落得这样的下场。不然，未必被你捉住。"曹操希望陈宫能够求情乞活，陈宫却只求速死。曹操问："你死了，老母亲怎么办？"陈宫答："打算以孝治天下的人，是不会加害别人父母的。"曹操又问："那么你的妻子儿女怎么办？"陈宫答："打算施仁政的人，是不会灭绝别人后代的。父母妻子能不能活，取决于你，不取决于我。"说完走出门主动受刑，连曹操都忍不住为他落泪。陈宫死后，曹操养其母，嫁其女，待之甚厚。

拒绝投降的还有一生忠于吕布、又不能被吕布所用的高顺，曹操被迫杀了他。吕布手下的重要将领臧霸、张辽归顺了曹操，徐州名士陈群也为曹操所用，他们后来都立功无数，地位显赫。

东平人毕谌，是曹操在兖州时的别驾。张邈叛乱时，劫持了他的母弟妻子，曹操对他说："你的老母亲在他们那里，你可以去投奔他们。"毕谌跪地叩首，表示绝无二心，曹操信以为真，感动得流下了眼泪。谁知从曹操殿门里出来，毕谌就逃得无踪无影。这次打下下邳，发现毕谌就在下邳城，原来他还是去投奔了张邈、吕布。众人以为这次毕谌必死，不料曹操却说："他也算是大孝子了，这样的人能不对君主忠诚吗？这正是我想要的人才。"于是不但没有治他的罪，还任命他为鲁国相。

下邳之战是曹操第一次跟刘备近距离接触，曹操意识到这个人不简单，是位难得的英雄。曹操很少真心佩服过谁，刘备是第一个让他刮目相看的豪杰。一天，他把刘备约到一起饮酒。酒至酣处，曹操说："今天下英雄，唯使君与操耳。本初（袁绍）之徒不足数也。"使君是汉代对刺史和州牧的称呼，此前曹操表奏刘备任豫州牧，所以称他为使君。刘备正拿着筷子夹菜，听到这话，吃了一惊。曹操如此高看他，对他绝非福音，意味着曹操对他产生了警惕，如果不能让他死心塌地地效命，就有可能把他变为砧上鱼肉。惊恐之下，刘备手一哆嗦，筷子竟然掉到了地上。当时正值打雷，刘备趁机掩饰说："圣人云'迅雷风烈必变'，看来真有这回事呀。"

虽然掩饰了过去，但并不意味已经平安无事。

衣带诏和袁术之死

　　许都的核心之地，是汉室皇宫。这座新修的宫殿，规模虽然不大，但"绮组发华，翡翠生光，丹草周隔，灵木成行"。在民不聊生的战乱时期，能有这样一处宫殿，也算曹操用心良苦。

　　然而汉献帝住在这里，却并不开心。

　　建安四年（199），汉献帝十九岁，距离逃离洛阳、避祸北邙，进而遭遇董卓、立为天子整整过去了十年。汉代，十九岁行冠礼，算是成人了，就要独当一面，纵横人生。而献帝却像笼里的华美雀鸟，衣食无忧，但不能自主。

　　曹操迎帝都许已经四年，却不肯还政于帝，反而将朝中旧臣或罢黜，或杀戮，或收买，汉朝廷变成了曹家班。即使皇帝左右，内侍宿卫，也都是曹操的旧党姻戚，皆听命于曹操。至于百官任命，曹操更是一手遮天，汉室天子也当不了几分家。

　　这让汉献帝很不爽。

　　此刻，献帝坐在宫殿后院的阁台上，望着一只栖息于池塘的黄鹄，它忽然扇动双翼，像箭一样越过屋顶，直上云霄。而云霄之上，天际蔚蓝，白云悠悠，辽阔而高远。

　　献帝心有不甘，决定放手一搏，也许会像这鸟儿，翱翔出一片新的境界。

他把朝中大臣一一排座，从长安跟过来的老臣，有一定实力的，只剩下车骑将军董承。

董承，原在西凉军效命，后女儿入宫，为献帝贵人。董承因护卫献帝东归有功，被封为卫将军，拜列侯，后来又升任车骑将军。

董承是长安旧将，不是曹操下属，献帝想到这里有一丝高兴。他要挑动两虎相争，坐收渔利。

在一个月黑风高的夜晚，献帝召董承入宫，赐一根衣带给董承。那一根衣带里，密缝着一份用鲜血写就的诏书，诏书言曹操专权，对天子不敬，命董承伺机杀掉曹操。是谓"衣带诏"。历史上把这次董承谋杀曹操事件，称为"衣带诏事件"。

一个人的力量终究有限，何况对方是不世之枭雄。于是，董承秘密联系了将军吴子兰、王服，长水校尉种辑，议郎吴硕等。董承还想起一个人，那就是汉室皇亲刘备。

当董承把诛杀曹操的图谋告诉刘备时，刘备一眼看出董承绝非曹操对手，况且他也不愿当任人摆布的棋子。不过，既有献帝诏书，又不能公然违命，只好表面上答应下来。

对这次不靠谱的谋杀刘备只好采取消极的态度，他每天在后园浇水种菜，不会宾客，以打消曹操对他的关注。但他知道，这件事终究会被发现，他在许都随时会有生命危险。刘备如坐针毡，三十六计——走为上，他开始寻找离开曹操、离开许都的机会。

皇天不负有心人，不久，真的等来了一个好时机。袁术被曹操击败后，一蹶不振，他的部下雷薄、陈兰对他非常失望，逃到潜山落草为寇。袁术走投无路，反过来要投靠雷薄、陈兰，却被无情地拒绝。

袁术在孤独与凄凉中又挨了两年，知道大势不可挽回，他给兄长袁绍写了封信，愿意把帝号送给袁绍。他说："袁氏禀受天命应当拥有天下，符命祥瑞粲然昭著。现在您拥有四个州，户口达百万人，论势力谁也没有您强，论地位谁也没有您高。曹操想匡扶衰弱的汉室，无奈汉室天命已断，难以为继。我恭敬地将天命送给您，希望您使它振兴。"到了这个时候，袁术依然深陷皇帝美梦中不能自拔。

袁绍不敢接受所谓"天命"，但愿意接纳这位荒唐的弟弟。袁术烧了称帝的宫殿，借路徐州前往袁绍长子镇守的青州。曹操得到消息，便派人前去下邳拦截袁术，因为刘备对下邳情况比较熟悉，便主动请缨，曹操同意了他的请求，让他跟朱灵一起带兵前往。

程昱过去曾劝曹操杀掉刘备，曹操认为正是收揽天下英雄的时候，不能因为一人而失天下人之心。听到刘备离开的消息，程昱和郭嘉、董昭等都急忙找到曹操，提醒他说："刘备有雄才大略，很得人心。现在你给他军队，让他远征，这是放虎归山呀。"曹操听后开始后悔，但刘备已经走远，只好作罢。

刘备驻兵下邳阻挡住了袁术，袁术不能通过，只好退回淮水以南。完成任务后，他让朱灵先回许都。然后突然袭击徐州，杀死曹操任命的徐州刺史车胄，自己又拉起队伍，和袁绍结盟，对抗曹操。曹操派司空长史刘岱带兵反攻，没有得手，反被刘备嘲笑说："像你这样的人来一百个也不是我的对手，即便曹公亲自前来，胜负也难以预料。"

袁术不能通过，只好又退回寿春。到了建安四年（199）六月，袁术在离寿春不远的江亭，问厨房里粮食储备情况，厨房管事告知还有麦屑三十斛。当时盛夏，天气炎热，袁术想喝蜜水解渴，但弄不到蜂蜜。袁术感到从未有过的凄惨，叹息良久，突然大声喊道："我袁术怎么到了这种地步！"最后吐血斗余死去。

袁术本来有个很好的出身，但是奢侈荒淫，狂妄自大，狭隘浅薄，以至于过早消耗掉大好资源，在群雄逐鹿中落寞而亡。他与袁绍本为兄弟，却不相容，反而针锋相对，互相拆台，不但为天下英雄耻笑，也使追随他的人寒心，以至于众叛亲离，落得个孤家寡人。

天命有常，唯有德者居之。这个朴素的道理袁术认识不到。当曹操、刘备、孙策都在寻觅人才，宽容下士，体恤百姓的时候，袁术陶醉在自己的符命、谶语、祥瑞中，以为天命在袁氏，自己就可以毫不费力、为所欲为地坐上皇帝宝座。袁术曾经对前来投奔的张承说："我以土地之广，士民之众，仿效汉高帝当皇帝行不行？"张承回答："能不能当皇帝，在于德而不在于强。如果有德，弱的可以变为强；如果失德，就会失掉支持，是不可能兴盛的。"袁术为帝位所惑，认识不清天下大势，自取灭亡也是应有的事。

袁术的奢淫肆欲，也是惊人的。他后宫妻妾有数百人，穿的是罗绮丽装，吃的是珍馐佳肴，而军中士兵却常常饥寒交迫。江淮是富庶之乡，在他的腐败统治下，却民不聊生，许多地方断绝人烟，饥荒之中甚至出现人吃人的现象。更加荒唐的是，他对这些现象熟视无睹，无动于衷，认为奢侈的生活是他命中应有的享受。

袁术不但不留意于民生，甚至不留心于军事。四世三公的名头，让他周围聚集了一些人才，但他不知珍惜。像孙策、周瑜都曾经在他手下为将、做官，却一直被压制、被忽视，最后众叛亲离，连落草为寇的部曲都不肯收留他。

"袁公路岂忧国忘家者邪？冢中枯骨，何足介意！"孔融这样评价他。愚蠢如袁术，不愿付出，不想努力，不思进取，真的如冢中枯骨，坐以待毙。

三国时期星光璀璨。群雄之中，袁术袁公路就是一个笑话。

刘备离开了许都，他把危险留给了董承。建安五年（200）正月，衣带诏事件泄露，曹操诛杀董承等所有参与谋划的人，董承女儿、汉献帝贵人也被曹操所杀。衣带诏是个标志性事件，从此，曹操和献帝关系恶化，曹操对汉室的忠贞所剩无几。历史的经验表明，大凡权臣，很难善终。特别是两汉外戚宦官争权夺利，外戚权臣结局皆凄惨。位重如霍光，在世时皇恩隆重，死后也没有逃掉被满门抄斩的厄运。

曹操一向反对废帝另立，但他又要保证自身和子孙的安全，唯一的办法就是架空皇帝，加强对朝政的控制。从此，他在权臣的道路上越走越远，在南征北战的同时，丝毫没有松懈对政权的蚕食。

刘备是衣带诏的漏网之鱼，又反叛占领了徐州，这是曹操不能容忍的。

但这时，天下形势发生了深刻的变化，在袁术、张绣、吕布割据势力被消灭后，诸侯中最有实力的就是袁绍和曹操了，袁、曹大战在所难免。事实上，袁绍已经磨刀霍霍，开始了战前动员，还派人联络荆州的刘表，请求协助攻曹。大战在即，要不要对徐州用兵？诸将反对的居多，他们认为，与曹操争天下的是袁绍，刘备势单力弱，不足为惧，如果攻打徐州时，袁绍乘空虚来攻许都，那该如何是好？

谋士郭嘉的见解与诸将不同，他说："袁绍性情迟钝而且多疑，进军不会太快。刘备新得徐州，人心未附，正是攻打他的好时机。"曹操则认为："刘备，人杰也，今不去，必为后患。"

建安五年（200）二月，曹操以迅雷不及掩耳之速，亲率部队，挥师东进，直扑徐州。刘备不是曹操的对手，一战即溃，只身逃到冀州，投奔袁绍去了。而他的妻子家眷，以及大将关羽被俘，关羽投降。

第六章

这一场豪赌

友谊的小船说翻就翻

想起能够和袁绍一决雌雄，曹操还是很激动的。

从小和袁绍一起玩耍，他是四世三公，什么事情都要高人一等。尽管他没有曹操聪明、机警、仗义，但却是孩子堆里的头儿。

他是天生的领袖，即使天下大乱，他没有兵权，没有军队，还是有那么多人唯他马首是瞻。

他可以不费一兵一卒，让别人以冀州相让。那是天下最富裕所在，让公孙瓒和多少豪杰垂涎。

他曾是关东的旗帜，一呼百应，任命官员，部署攻伐，与关中的朝廷遥相呼应。

曹操一直跟在他后面，叫一声大哥，冲锋陷阵，荡寇杀叛。

直到奉迎献帝，借助汉室威望，他终于可以和他并驾齐驱，分庭抗礼。

他拿下了兖州、徐州、豫州、司隶，他统一了冀州、并州、幽州、青州，一山难容二虎，北方只剩下两个最大的军事集团，决一雌雄在所难免。

为了这一战，双方蓄谋已久。

袁绍向北荡平公孙瓒，大破黄巾军，打败田楷，驱离孔融；曹操平吕布、除袁术，降张绣，安抚关中，交好孙策、马腾，迫使刘表中立。双方都解除了后顾之忧。

为了这一战，双方深思熟虑。

袁绍阵营，关于这场战役有激烈的口舌之争。田丰、沮授反对现在出兵。他们的观点是：冀州刚刚远征公孙瓒，军队疲惫，将士骄傲轻敌；许都是天子所在，攻打曹操违反道义，师出无名。郭图、审配则力主开战，他们的观点是：冀州兵力是曹军数倍，这是上天赋予我们的好机会，不能浪费。双方吵得不可开交。袁绍觉得田丰、沮授迂腐，将田丰投入邺城大牢，收回了沮授的一部分权力。

曹操阵营，大多数人颇为担心，譬如在孔融眼里，袁绍势不可当。他说："袁绍地广兵强，田丰、许攸都是顶级谋士，审配、逢纪都是绝对地忠诚，颜良、文丑勇冠三军，要战胜他们，太难了！"连曹操也忧心忡忡。这是最考验人的时候，最坚定的主战派是荀彧、郭嘉。二人分析了形势，将双方进行对比：

袁绍的优势在于硬件：地广、兵多、粮丰。袁绍和曹操都拥有四州，但曹操四州土地面积小，久经战乱，人口稀少，兵源不足；袁绍有将士数十万，而曹操只有三万兵马；曹操实行屯田制，在一定程度上解决了粮食问题，但冀州粮食更充足，比曹操更能耗得起长期战争。

曹操在无形资产上更有优势。袁绍以下犯上，师出不义，曹操代表天子行事，奉顺天下；袁绍外宽内忌，任人唯亲，集团内钩心斗角，曹操唯才所宜，至诚待人，将士效命；袁绍多谋少决，不知兵要，失去先机，曹操应变无穷，用兵如神，能断大事；袁绍以宽济宽，法令不立，曹操令行禁止，赏罚分明。虽然袁绍客观上地广、兵多、粮丰，但在政治、军事、谋略等方面处于下风，最后得出结论：曹军必胜。

荀彧、郭嘉虽然没有提出应对袁绍大军的具体策略，但所做的分析具有远瞻性，大大地鼓舞了士气，坚定了曹操决一死战的信心。

为了这一战，双方厉兵秣马。

袁绍安排军师审配、行军司马逢纪主持后方，负责粮草运输。调长子袁谭随征，自统精兵十万，战马万匹，以颜良、文丑为前锋，进军黎阳（今河南浚县东北），把这里作为前线指挥部，虎视眈眈，定要一举攻下许昌。

曹操则以臧霸率精兵入青州，在东面牵制敌人；派大将史涣、曹仁、徐晃攻取河内，从西面牵制袁军。派于禁守延津渡口，东郡太守刘延守白马（今河南滑县东），派程昱守鄄城，这三个地方都在汉代黄河的南岸，从西向东排列，组成"一"字形防线，与黎阳隔河相对。主力部队在官渡（今河南中牟县东北）设立军事据点，作为守卫许都的关键屏障。粮食储存在荥阳附近，派将领驻守，保障供给。荀彧则留守许都。

为什么把主力放在官渡？官渡是渠水上的一个渡口，渠水是黄河的一大支流。汉代时黄河从今河南中牟、武陟一带北上，而渠水东流，直至开封，与现代的黄河河道接近。官渡几乎位于黄河、渠水交界处，以河为天险，易守难攻。另外官渡位于白马、延津后方，但距离并不太远，方便增援。

这一条防线中，鄄城最弱，只有七百兵。曹操打算向鄄城增派两千人，程昱不要。程昱的理由是：袁绍拥兵十万，自以为所向无敌，看到鄄城兵力少，不屑于来攻。如果增派了部队，袁绍就不会不攻，鄄城还是守不住，这样白白损失了鄄城和官渡两处的实力。后来果然应验了程昱的判断，袁绍放弃鄄城，直接进攻了白马。曹操对贾诩赞叹道："程昱的胆量，超过古代勇士孟贲和夏育了。"

建安五年（200）二月，袁绍派先锋颜良进攻白马。刘延死守一月有余，渐渐不支。荀攸建议采取声东击西的办法解白马之围。曹操亲自带兵到延津，装作要渡河的样子，袁绍赶紧分兵阻截，曹操迅速掉头直趋白马。派遣当时刘备手下大将关羽以及吕布手下的大将张辽二人迅速赶到白马，出其不意地从背后进攻颜良，颜良被关羽斩首，袁军溃退。

曹操十分器重关羽，特为关羽表奏寿亭侯。但关羽始终不忍舍弃刘备，后来发现刘备在袁绍营中，还是离开曹操，寻找刘备去了。

白马虽然解了围，但曹军没有力量把战线拉太长，曹操意识到这里终究守不住，便把当地百姓集中起来，向后方迁徙。汉末人口减少，各路军阀都十分看重人口资源，经常在战争过后，把人口迁徙到自己控制的地盘上。

袁绍恼羞成怒，命令文丑和刘备为先锋，渡河追击曹军，谋士沮授劝阻，建议袁绍不要在意一时一地的胜负，应分兵前去官渡，给曹军以压力。袁绍不听，反而把沮授统率的人马分给了郭图。

当时曹军只有五六百人，而袁军追击的骑兵有五六千人，双方军力十倍悬殊。曹操下令骑兵解鞍下马，把从白马撤下的粮草辎重也散放路面。袁军追到跟前，以为曹军溃逃，纷纷下马争抢辎重。这时，曹操一声号令，曹军披甲上马，从高坡上冲了下来。袁军溃不成军，文丑被斩杀。

同时，曹操又派于禁、乐进统率五千骑兵，北渡黄河，到汲县（今河南卫辉）、获嘉（今属河南新乡）一带骚扰袁军，烧毁营垒三十多座，杀敌数千。

曹操在官渡序幕战中大获全胜。但曹操还是收缩防线，将全军退到官渡，袁绍跟进，大决战注定在官渡进行。

三个人的友情，两个人的阵营

官渡位于中牟，距许都二百里地，曹操在这里修筑营寨，趁袁绍立足未稳，对袁军进行袭击，结果交战不利，遂坚守不出。

接下来袁绍攻、曹操守，这是一场智力与科技的比拼。

袁绍在曹操大营不远处，挖土堆起一座小山，在山上建一种无顶的楼，叫楼橹，有兵士在楼橹中观察曹营情况，指挥山上的士兵往曹营中射箭。曹营士兵躲在营房里不能出来，十分窘迫。曹操经过观察研究，发明了一种发石车，利用杠杆原理，从低处往高处发射石头，击毁了袁军的楼橹。这一回合，袁绍的招数被曹操破解。

袁绍又在地下挖地道，曹操在营寨中挖长壕，阻击地道里的袁军。袁绍这一招也没有达到效果。

两军谁也战胜不了谁，就这样对垒了三个月。

袁绍设法从后方给曹操施加压力。

曹操收编的汝南黄巾军余部刘辟，趁曹军开赴前线，背叛了曹操。袁绍派刘备率兵到汝南援助刘辟，从背后进攻曹军，又派韩荀从西路进击许都。后方曹操早已安排曹仁防守，曹仁将刘辟、韩荀一一击破，袁绍谋取后方的策略也没有成功。刘备知道袁绍必败，于是鼓动袁绍与刘表联合，袁绍又给刘备一些士兵进入汝南，但刘备一心保存实力，率兵观望，并没有给曹操后方造成多少麻烦。

在江东迅速崛起的孙策，志向很高，打算趁机袭取许都。听到消息，曹军大为惶恐。郭嘉安慰大家："孙策在江东发展很快，诛杀了不少当地豪强。孙策又喜欢单独行动，来中原必定会遭刺客暗杀。"果然，不久孙策死于刺客之手，曹军躲过一劫。

曹操面临更为不利的，是粮草不足。打持久战，最关键的是粮草。汉末很多战争，都是由粮草决定了成败。曹操开辟屯田，增加了粮食产量，但经不住连年征战，粮食产出量依然不足。徐州、司隶时而归顺，时而叛离，粮食更无法保障。在粮食方面，曹操根本无法同袁绍抗衡。

前面大军压境，背后暗箭频发，中间国库匮乏。曹操此时可谓心力交瘁，一度失去了作战的信心。他给荀彧写信，商量放弃官渡，直接退到许都。荀彧用秦末刘邦、项羽楚汉相争的例子激励曹操，说："楚、汉在荥阳、成皋对垒，没有一方愿意先退，因为先退就失去了大势。现在明公以一当十，阻挡敌人已经半年，袁绍大军不能前进一步。现在到了关键时候，坚持下去，情势必然发生变化。这正是出奇制胜的好时机，不能错过。"

曹操受到激励，振作精神，顶住困难，咬紧牙关继续坚守。另一方面，他积极寻找战机，特别是想办法增加补给。不久，史涣、徐晃等从河内抄袁军后路，烧掉袁军上千辆运粮车，让袁军的补给也出现了困难。

粮食被烧，袁绍命令驻守邺城的审配重新筹粮，派淳于琼率万余兵力护卫，囤积在军营以北四十里的故市（今河南延津县内）、乌巢（今河南延津县东南）。沮授建议增加兵力防守，袁绍不听。

在曹操为粮食发愁的时候，袁绍的谋士们也在为早日结束这场战争绞尽脑汁。袁绍的谋士许攸，字子远，南阳人。许攸年轻时在洛阳，与袁绍、曹操都是经常在一起玩的伙伴。曹操辞去济南国相，在老家谯县赋闲时，许攸曾谋废汉灵帝，召曹操为同盟，被拒绝。董卓入京后，许攸逃到袁绍处，成为袁绍的谋士。他积极怂恿两位好朋友联合结盟，与袁绍、曹操都保持着良好关系。

大敌当前，各为其主。许攸向袁绍建议：趁许都空虚，派一支轻骑从侧翼星夜袭击许都。许都得手，曹操成无根之木，只能束手就擒。然而，袁绍是完美主义者，手握优势兵力，只想凭真功夫拿下曹操，不屑于偷袭暗算。于是，对许攸的建议断然拒绝。

向袁绍提很多建议，总是被拒绝，许攸的心情很郁闷。正在这时，邺城又传来坏消息，其家人因为犯法被审配抓起来了。当夜，官渡的夜空繁星点点，许攸在营房前踌躇徘徊。袁绍谋士不和，相互攻讦，构陷倾轧，稍有不慎就引火上身，许攸感到心寒，想要离开这里。但袁绍是少年朋友，弃之不忍。思来想去，曹操也是旧时伙伴，为什么非要帮助袁绍攻击曹操呢？想通了这个理，许攸独自会心一笑。

战争，不相信友情。

不需等天亮，说走就走，许攸只身一人，离开袁军营寨，投奔了曹操。

当袁军营寨的灯光逐渐淡去，许攸回身含意深邃地再望一眼。他知道，今夜，历史将为此改写。

曹操听到许攸来投，大喜，抓了件衣服披上，来不及穿鞋子，赤着脚一溜儿小跑到门外迎接。见到许攸，拍着手笑道："子远，你这一来，我的事成了！"

来不及叙友情，许攸直接进入正题："你军中现在还有多少粮食？"曹操答："还可以吃一年。"许攸说："你不老实，再说。"曹操又答："半年。"许攸步步紧逼："你还想不想打败袁绍？"曹操赶忙道歉："对不起，前面是开玩笑呢。其实只够一个月了。你教教我，该怎么办呢？"

许攸这才向曹操支着儿："袁绍的粮草辎重有一万多车，屯放在故市、乌巢，驻守的军队防备不严，现在乘其不备，以轻骑袭击，把他的粮草辎重全部烧了，不出三日，袁军自败。"

曹操喜出望外：这就是所谓机会！成败在此一举！不必拖泥带水，当下就开始行动。由曹洪、荀攸守营，自己亲率五千精锐骑兵、步兵，用袁军旗号，穿袁军衣服，每人手里抱一捆干柴，人衔枚，马缚口，防止发出声音，趁着夜色从小道向乌巢扑去。路上遇到袁军盘问，曹军回答："袁公怕曹军从后面偷袭，派我们去加强防备。"袁军麻痹大意，竟然信以为真。

到了乌巢，五千士兵马上包围守将淳于琼的大营，然后放火烧粮。淳于琼弄不清敌军情况，不敢贸然出战。等到天亮，见曹军兵少，指挥向外突击，但士兵已无斗志，又被打了回来。他们只好蜷缩在营中，一边看着熊熊大火将军粮烧为灰烬，一边等待着大部队救援。

乌巢被烧的消息传到袁绍大本营，大将张郃主张马上救援乌巢，谋士郭图却建议"围魏救赵"，趁机攻打曹操大本营。袁绍信任郭图，派张郃、高览率重兵攻打曹军大营，只派一支轻骑救援乌巢。

救援的轻骑赶到乌巢，曹操正全力以赴攻打淳于琼。旁边的人对曹操说，敌人援兵来了。曹操呵斥："敌人到背后再告诉我。"士兵没有退路，只好拼死作战，于是大破袁军，烧光了乌巢的粮草，俘虏了淳于琼。

曹兵把俘虏的鼻子割下，送到袁军阵营，袁军惊恐，越发丧失了斗志。

早年，淳于琼和曹操同属于西园八校尉，私交不错。曹操本不打算杀淳于琼，许攸说："每天他照镜子，看到没有了鼻子，都会怨恨你。"曹操于是杀掉了淳于琼。

友情，在战争面前真的不堪一击。

张郃、高览攻打曹军营寨，无奈曹营坚固，一时难以攻下。乌巢兵败的消息传来，张郃、高览知道回去免不了被袁绍治罪，进退两难，干脆投降了曹军。

袁军大势已去，乱了阵脚，曹军乘胜追击，掩杀过来，袁军根本组织不起来有效战斗。袁绍、袁谭见势不妙，率八百骑兵渡河逃走。其余袁军全部投降曹操。曹军清点了一下，投降的袁军达八万人，比曹操现有的部队还多好几倍。曹操担心日后无法控制，残忍地把这八万人全部杀掉。

袁绍帐下最睿智的谋士沮授为曹军所俘，沮授大呼："我没有投降，只是被抓住了。"曹操劝他投降："袁绍没有头脑，不能采用你的计策，现在天下还没有安定，我要与你一起建功立业。"沮授的叔父、母舅都在河北，如果投降曹操，势必亲戚遭殃，因此坚决不降。曹操赦免了他，并给他优厚待遇，但沮授仍策划逃跑，曹操只好杀了他。袁绍最耿直的谋士田丰，袁绍因为担心兵败被嘲笑，回到邺城后也将他杀掉。

朝廷中很多人担心曹操失败，暗地里跟袁绍联络，脚踩两只船，曹操得到这些人写给袁绍的书信，堆放在一起，一把火烧掉，表示不再追究："当时袁绍兵强马壮，连我都害怕不能自保，何况众人！"

时建安五年（200）十月。

至此，官渡之战以曹操全胜告终。曹操在北方的霸主地位已无人能够挑战。

袁氏的残余势力

袁绍兵败，回到邺城，两年后，忧愤而亡。

袁绍有三个儿子，他生前安排长子袁谭守青州，次子袁熙守幽州，三子袁尚跟着袁绍在邺城，还有外甥高干守并州。袁绍最喜爱袁尚，有意传位袁尚，但犹豫不定，临死也没有明确交代。袁绍的将士分成两派，争权夺利，审配、逢纪支持袁尚，辛评、郭图支持袁谭。袁绍死后，大多数人主张立袁谭，因为他是长子，审配害怕辛评和郭图掌权后报复自己，先下手为强，伪造了一封袁绍遗命，奉立袁尚承继袁绍官职，为大将军、冀州牧。袁谭无奈，自称车骑将军，驻屯黎阳。

袁谭兵少，请求袁尚增加兵力，袁尚不同意，反而派逢纪到军中监督。袁谭怒，杀了逢纪。

曹操曾一度犹豫下一步用兵方向，现在正好利用袁氏兄弟的不团结，先攻取冀州。

建安七年（202）九月，曹操渡河进攻黎阳，袁尚见袁谭不能守，只好救援，亲自带兵去救黎阳。两军交战数次，袁氏不敌，第二年三月，黎阳破，袁谭、袁尚败退守邺城。曹操打算乘胜追击，郭嘉献计："现在为抵御我们，兄弟俩又联合到了一起。不如我们暂时撤兵，兄弟俩必然发生变故。到时候进攻，可一举平定冀州。"曹操听从了郭嘉建议，收兵还许。

不出郭嘉所料，不久，袁谭、袁尚闹翻，互相攻斗。袁谭不敌，奔走平原县（今属山东）。面对袁尚的步步紧逼，袁谭竟向曹操乞降求救。救不救袁谭？一部分人认为袁氏兄弟对曹军已经构不成威胁，四周只有刘表势力比较大，不如先平定刘表，而荀攸则主张救袁谭，他说："目前天下争霸，而刘表坐保江汉，可见他没有吞并四方之志。袁氏占有北方四周之地，有十万兵马，现在兄弟阋于墙，如果坐视一方吞并了另一方，四州力量集中起来，想要再去平定就很难了。"曹操采纳了荀攸的主张。

建安八年（203）十月，率兵进入河北，袁尚赶忙撤回攻打袁谭的兵，回防邺城。袁尚的两员大将吕旷、高翔投降曹操，袁谭暗地里联络，打算让吕旷、高翔归顺自己。曹操得知消息，知道袁谭向自己投降只是权宜之计，但为防止兄弟二人再度联合，他没有揭穿，反而和袁谭结成亲家，让儿子曹整娶了袁谭女儿为妻，表奏袁谭为青州刺史。

接着，曹操为进攻邺城做了一些准备工作，他开挖河道，引淇水北流，通过水路运送粮草，保障了粮食补给。

等了几个月，袁尚见曹操没有来进攻，就留审配守邺城，自己再攻平原县。曹操抓住机会，迅速将部队推进到邺城下，引漳河水将邺城围住，与外界隔开。袁尚见势不妙，撤兵回防，要通知城里，就遣主簿李孚为信使，入城联络。城被围死，怎样进城呢？李孚穿上武官的服装，带着三个骑兵，自称都督，大摇大摆地进入曹营。他顺着曹营进行巡查，时不时地呵斥站岗围城的士兵，曹兵都被他唬住了，以为真的是都督查防。他从城北向东巡查，经过曹操的营帐，巡查到城南。到了南城门，李孚又大声斥责曹营里的将士，下令将他们捆绑起来。李孚见曹军将士暂时无法行动，迅速打开营门，急驰到城下，呼喊城上的守军接应。守军放下绳子将李孚等吊上了城。有人将李孚入城的情况报告给曹操，曹操笑了笑说，他还会出来的。

李孚向审配传递了袁尚的讯息，还得想办法出城。他当然不能再故伎重演了，只能想新招。彼时城内粮草已经不多，李孚建议审配将老弱病残赶出城去，以减少消耗。这些老弱病残有数千人，个个手持白旗，表示愿意投降曹操。李孚和三位骑兵就混在他们中间，顺利出了城。

袁尚大军回援，曹操的将士心里就犯起了嘀咕：邺城是袁尚将士的家，他们一定会拼命地，此战凶多吉少。将士们难免有些害怕，一部分劝曹操避其锋芒。曹操说："如果袁尚大军从大路来，我们确实应该避一避；如果他们从山路来，就没有什么可怕的了。"过了一会儿，传来谍报，袁尚果然从山路而来，在距离邺城十七里的阳平亭这个地方扎营。汉代"亭"并不指小亭子，而是小于"乡"大于"里"的一级政权单位。晚上，袁尚和城中审配点火为号，夹攻曹军。曹军已有准备，两面作战，仍然取得了胜利，将审配逼入城中，并开始包围袁尚大营。袁尚害怕了，请求投降，曹操不许，于是袁尚逃走，逃到了中山（今河北定县）。

曹操将缴获的袁尚的印绶、节杖、黄钺让城上守军看，审配命令守军用强弩射击，差一点击中曹操。审配打算顽抗到底，但他的侄儿审荣贪生怕死，急于投降，偷偷打开了邺城的东城门，放进了曹军，俘获了审配。曹操有心宽恕审配，但审配誓死不服软。有早先投降曹操的将领奚落他："你现在比我如何？"审配大骂："你为降虏，我为忠臣，即使一死，怎么会羡慕你活着！"曹操只好下令杀掉审配。

时建安九年（204）七月。

当时袁熙在幽州，家属留在邺城。曹操公子曹丕在袁府撞见袁熙的妻子甄氏，惊讶于她姿貌绝伦，将她带到府中。曹操知道曹丕心意，把甄氏许配给他为妻。甄氏后来生子曹叡，为魏明帝。又传说曹丕的弟弟曹植也心仪甄氏，为她写过《洛神赋》，但不可信。

曹操善待袁氏，亲自到袁绍墓上祭奠，并抚养其家人。这算是对他们在洛阳时那一段友情的交代吧！

曹操还蠲免了河北租赋，以争取民众对朝廷的支持。

邺城始建于春秋时代，战国时是魏国的陪都，繁荣于一时。后来虽经秦汉，但战火很少波及。袁氏在河北盘踞十多年，以邺城为治所，这里的宫殿建筑得以完整保存，经济发展平稳。

曹操看中了冀州和邺城。他对名士崔琰说："我翻阅冀州的户籍，还可以征召到三十万人马，冀州真是个大州。"崔琰正色答道："天下四分五裂，袁氏兄弟相残，冀州人民生活在水深火热之中，尸横遍野连下葬的人都没有。没有听说朝廷询问民间疾苦，拯救百姓于灾难之中，反而关心可以征召多少甲兵。这是冀州百姓对明公的期望吗？"曹操大惭，郑重地向崔琰道歉。

九月，他辞去兖州牧，领冀州牧，依然治邺城，作为自己日常居住生活的城邑。从此，汉室朝臣分别在两地办公，汉献帝和少部分朝臣留在许都，大多数朝臣跟着曹操在邺城。

虽然占领了冀州，但并州、青州、幽州还在袁氏集团手中。

建安七年（202），曹操伐袁谭、袁尚时，袁尚派河东郡太守郭援与并州刺史高干，会同匈奴南单于一起进攻河东郡，牵制曹操。

河东郡即现在的山西西南部，郡治安邑，领二十个县。因为河东不是曹操的核心地区，军事势力薄弱，各县或陷或降，郭援进展顺利，最后只剩下绛县没有被拿下。绛县守将叫贾逵，在县内有很好的口碑。郭援猛攻绛县，绛县眼看要守不住了，城中百姓商议，只要不杀贾逵，愿意开门投降。郭援答应了绛县百姓，入城后想让贾逵归顺，贾逵不答应，郭援要杀他，结果老百姓有的伏在贾逵身上挡住刀斧，有的登上城墙高喊若杀贾逵就要拼命。没办法，郭援将贾逵缚到壶关，囚于地窖之中。贾逵对看守说："这里难道一个英雄好汉都没有吗？难道看着义士死在这里？"有个叫祝公道的，夜里偷偷把他放了出来。

曹操腾不出兵力应对河东，只好由关中督军钟繇说服马腾去抵抗郭援、高干。马腾派其子马超率一万余人会合钟繇。钟繇驻守汾河西岸，郭援被胜利冲昏了头脑，带兵强行渡河，渡到一半，钟繇一声令下，凉州兵奋勇出击，大破郭援军，郭援在乱军之中被马超部将庞德杀死。郭援是钟繇的外甥，钟繇见到郭援人头，痛苦不已。庞德向钟繇道歉，钟繇安慰说："郭援虽是我的外甥，但也是国贼，有什么可道歉的？"

河东之战就这样取得了胜利。

接下来，曹操先清理了并州外围。当时河内、弘农、河东等郡都叛乱和高干勾结，曹操派议郎张既征调马腾等关中诸将平定了这些乱军，孤立了并州。

袁尚军败，有人劝高干迎接袁尚到并州，高干权衡再三，不愿把这颗定时炸弹放在自己身边，拒绝了这个建议，反而投降了曹操。为了安抚高干，曹操仍任命高干为并州刺史。

曹操攻打邺城期间，袁谭和曹操公然决裂，攻占了曹操好几座城池，还攻打已经逃到中山的袁尚，迫使袁尚又逃到幽州袁熙处。曹操安顿好邺城，立即给袁谭写信，指责他毁坏盟约，并送还了袁谭的女儿。袁谭恐惧，向北退守到南皮（今属河北）。曹操围住南皮攻打，亲自擂鼓，鼓舞士气，终于攻下了城池。袁谭、郭图以及他们的妻子皆被斩杀。

俘获谋臣，曹操都要劝降，唯有郭图，曹操不但斩杀，而且株连妻子儿女，可见郭图之恶。

与此同时，袁熙部下造反，袁熙、袁尚奔走辽西，逃往乌桓国。冀州、幽州各武装势力纷纷投奔降服曹操，袁绍十余年没有征服的黑山军也前来归顺。

高干投降曹操本是权宜之计，见河北、幽州基本上被曹操清理干净了，心中害怕，越来越感到孤立，索性又造反了。建安十年（205）十月，他逮捕了上党（今山西长治）太守，派兵扼守壶关口。

建安十一年（206）正月，曹操留太子曹丕守邺城，亲自领兵征讨高干。战斗进行得很顺利，曹操还没有到达高干的屯兵处壶关口，高干自知不敌，先行逃亡了。他本来打算逃到南匈奴，南匈奴见袁氏势力衰竭，不敢得罪曹操，所以拒绝了。高干只好向南投奔刘表，走到上洛（今陕西商洛），被捕杀。

从邺城到壶关，刚好跨越延绵崎岖的太行山。大军行进在悬崖峭壁之间，正值严冬，饥寒交迫，又想到战争带来的生灵涂炭，曹操写下诗篇《苦寒行》：

北上太行山，艰哉何巍巍。

羊肠坂诘屈，车轮为之摧。

树木何萧瑟，北风声正悲。

熊罴对我蹲，虎豹夹路啼。

溪谷少人民，雪落何霏霏。

延颈长叹息，远行多所怀。

我心何怫郁，思欲一东归。

水深桥梁绝，中路正徘徊。

迷惑失故路，薄暮无宿栖。

行行日已远，人马同时饥。

担囊行取薪，斧冰持作糜。

悲彼《东山》诗，悠悠使我哀。

　　诗歌还表达了诗人决心平息叛乱、安国定邦的决心。《东山》是《诗经》中的诗篇，传说描写的是周公东征、平定三监叛乱的故事。曹操隐晦着把自己比作周公，从当时曹操的地位和诸侯叛乱的社会背景来看，还是比较贴切的。

向北，一路向北

　　袁熙、袁尚逃奔的乌桓，是生活在幽州北部的少数民族部落，又称"乌丸"，原本活动在今赤峰一带，后向西发展，散落在幽州北部沿线，甚至到达并州。乌桓分裂为几个小的政权，各自为政，首领称"大人"。汉武帝当政后乌桓一直臣属于汉，汉朝廷专门设官吏管理乌桓事宜。

　　袁绍与公孙瓒争斗时，乌桓与袁绍交好，协助袁绍击破公孙瓒。袁绍则投桃报李，假借皇帝名义，赐各个部落单于称号，并以宗族女嫁于活跃在辽西郡的一个部落，其大人名叫蹋顿。袁熙、袁尚投奔的就是蹋顿。蹋顿拉拢辽东郡、右北平郡的两个乌桓部落，组成联盟，这就是所谓"三郡乌桓"。

　　对于要不要剩勇追穷寇，把袁熙、袁尚彻底铲除，曹操阵营又有争论。多数意见认为，袁熙、袁尚已经构不成威胁，乌桓也不会因为袁氏兄弟南下侵略，所以不足为虑，不必兴师动众，耗费国力。

　　谋士郭嘉力排众议，坚定地主张征伐乌桓，他说："袁绍对胡人有恩，只要袁氏兄弟不死，就有很大的号召力。冀州、幽州还不太安稳，胡人一动，河北响应，过去的战果恐怕会得而复失。"又分析道："乌桓离我们很远，不会想到我们去征伐。趁他们没有准备，很容易就能够攻灭他们。"

　　彼时刘备已经从汝南投奔刘表。反对者担心，如果长途奔波袭击乌桓，刘备必然说服刘表从南面袭击。郭嘉也有不同看法:"刘表,只能坐而论道,没有多少实际才能。刘表知道刘备野心很大,担心不能控制刘备,所以不会重用刘备的。"

好的领袖,就是在各种纷乱的声音中筛选出最有利的那一种,即使那种声音很孤单。曹操经过分析,同意郭嘉的看法,决定起兵北上,征伐乌桓。

兵马未动,粮草先行。曹操在董昭的建议下,与进攻邺城一样,凿河通渠,把北方的几条河流贯穿起来,以水路运输粮草。

建安十二年(207)二月,曹操亲领大军,率荡寇将军张辽、偏将军张郃、偏将军徐晃、虎豹骑督曹纯、左度辽将军鲜于辅、护乌桓校尉阎柔、护军韩浩、领军史涣、军谋掾牵招以及司空军祭酒郭嘉等,北征三郡乌桓。

走到半路,郭嘉向曹操建议:"兵贵神速。我军辎重太多,行进太慢,如果敌军得到消息,必定要充分准备。不如留下辎重,轻装前进,打敌人个措手不及。"曹操听从郭嘉意见,轻军疾进。五月,到达无终县(今天津蓟州),时值盛夏,正赶上雨季,大雨滂沱,道路泥泞。尤其是近海的地方,地势低洼,路上有很多积水,人行太深,船行太浅,行军十分困难。这里已经接近乌桓地盘,乌桓军队把守口要塞,军队更难通过。这种状况持续到七月份,依然没有任何改善。

曹操、郭嘉都一筹莫展。这时,随军的蓨县令田畴发挥了作用。田畴是无终县当地人,曾为幽州牧刘虞手下,刘虞死后,带着全族人隐居无终的山中,对无终地形非常熟悉。田畴向曹操推荐了一条过去毁坏了的山路,并且建议曹操假装退兵,以麻痹敌人。曹操便率军从无终县撤退,并在道路旁竖了块木牌,上面写道"此路不通"。乌桓的侦察兵见到木牌,以为曹操真的退军了。

曹操令田畴为向导,另辟蹊径,转到深山之中,开山填谷,整修毁坏的道路,在荒无人烟的大山中行军。跋涉了五百余里,于八月来到乌桓的巢穴柳城(今辽宁朝阳南)下。

这一路大军从天而降，及至乌桓军发现，仓促应战。乌桓军人数虽多，但阵形不整，而曹操军，只有万余骑兵先行赶到，大部队和辎重还在后面，先行的士兵甚至没有盔甲。双方都心中没底。狭路相逢勇者胜，曹操临敌不惧，登上白狼山头指挥作战。一声令下，张辽先登陷阵，带领先头部队像一群疯狂的野狼，咆哮着冲向敌阵。立足未稳的乌桓军还未弄清怎么回事，乱作一团。接着，由曹纯统领，曹军最精锐的虎豹骑部队也杀进敌阵，蹋顿在乱战中被杀死，乌桓军尸横遍野，血流成河。白狼山之战，曹军大捷，俘获汉、胡人口二十余万。

袁熙、袁尚走投无路，只好继续东逃，率数千骑逃到辽东太守公孙康处。公孙康，其父公孙度为辽东太守，公孙度死后，公孙康继任，两代人割据辽东近二十年，拥有十万兵众，势力一直延伸到高句丽。

手下人建议曹操趁热打铁，追击袁氏兄弟，平定辽东。曹操笑曰："我要让公孙康自己把袁尚、袁熙的人头送来。"于是短暂休整之后，从柳城撤兵。不久，公孙康果然将袁氏兄弟杀掉，送上首级，并表示归顺曹操。众人纷纷称奇，问曹操如何未卜先知。曹操解释道："袁氏在河北有威望，公孙康害怕袁氏兄弟会夺其权。如果我急攻，他们联合起来抵抗；反之，我作壁上观，他们因为各怀异心，必然互相残杀。"众人叹服。曹操将袁尚的首级悬挂起来示众，并下令有哭泣的斩首。袁尚过去的部下牵招私下里设个祭台，悲声哭祭袁尚。有人报告给曹操，曹操认为他是忠义之士，举荐为茂才。

征服乌桓，公孙康归附，表明曹操已完全占有幽州和整个黄河北部，意味着他基本上统一了北方领土。

这一年，曹操五十三岁。

这一年，距官渡之战整整七年。他用七年时间，消灭了袁绍家族，步步惊心，步步艰辛。

这一年，距曹操陈留起兵已整整二十二年。这二十二年，他破黄巾，平兖州，屠徐州，得豫州，诛吕布，克袁术，降张绣，驱刘备，及至官渡一战，大败袁绍，继而再败袁尚，攻杀袁谭，逼走高干，北征乌桓，尽得河北之地。至此，他安定天下的人生达到了新的高度。

五十三岁，曹操渐觉苍老，但内心充满喜悦，意气风发，特别是取得如此重大的胜利。他把这种苍老、喜悦、意气风发，写进了诗里。

班师回朝，到达碣石山（今河北昌黎县北），登上山峰，瞭望东面苍茫澎湃、一望无际的大海，曹操抑制不住兴奋的心情，写下不朽名篇《观沧海》：

东临碣石，以观沧海。

水何澹澹，山岛竦峙。

树木丛生，百草丰茂。

秋风萧瑟，洪波涌起。

日月之行，若出其中；

星汉灿烂，若出其里。

幸甚至哉，歌以咏志。

整个诗篇，用一个字概括，就是"大"。澹澹，水波涌动的样子。海水宽阔浩荡，谓之"大"；山岛高耸挺立，谓之"大"；草木连绵繁茂，谓之"大"；秋风鼓动海浪，谓之"大"；日月喷薄于大海之上，谓之"大"；星汉倒映在海面，一望无际地璀璨，也谓之"大"。诗人眼前所有的自然景观，宽阔、雄浑、壮丽，大到极致。而诗人的胸怀，也像这大海，以及大海周围的万物，广袤无垠。

大海拥抱整个宇宙，诗人胸怀整个天下。

邺城 邺城 邺城的铜雀梦

第七章

生前名，身后事

北征乌桓虽不像官渡那样紧张激烈、富有戏剧性，却是曹操一生征战中遇到的最大挑战。虚国而征，命运悬之一线；道路艰辛，走没有路的路；远途疲惫，狭路相逢，血战白狼山，要么喋血草原，要么全军覆没，没有退路。

这是个历史会留下记忆的年份。这一年，刘备驻军新野（今属河南），三顾茅庐寻访能辅助成就大业的智谋之士，诸葛亮这位年仅二十七岁的年轻人登上了历史舞台。

而曹操阵营，一位谋士却英年早逝，和诸葛亮擦肩而过。

这位谋士就是郭嘉。郭嘉是曹操北征乌桓时带在身边的唯一的知名谋士，在整个战役中起到举足轻重的作用。但回途中，因为天气忽冷忽热，时旱时雨，郭嘉不服水土，在易水（今河北易县）附近抱病身亡。这恐怕是曹操北征乌桓最大的损失。

郭嘉，字奉孝，颍川阳翟（今河南禹州）人。郭嘉年轻时不太出名，后来跟着同郡人辛评、郭图投奔袁绍，不满意，对二人说："袁绍只想仿效礼贤下士，却不懂得怎样用人，做事情思考很多，但抓不住问题的要害，喜欢谋划却不能决断。这样的人，很难拯救国家、称霸天下。"于是离开袁绍，在家赋闲六年，后来被荀彧推荐给曹操。

曹操非常欣赏郭嘉，第一次交谈后，感叹道："能帮助我成就大业的人，就是他了！"郭嘉也大喜过望地说："这才是我真正的主人啊！"在长年征战生涯中，曹操总是把郭嘉带在自己身边，以便随时咨询，见机行事。每逢军国大事，郭嘉的计策从无失算。曹操对年轻的郭嘉寄予了无限的希望，打算在平定天下之后，把身后的治国大事托付给他。

然而历史不能改写，那一年，年轻的郭嘉死了。

曹操心中泛起从未有过的孤独和苍茫，忽然感到有些力不从心了。想起自己年岁已大，时不我待，到邺城后，又写下《龟虽寿》：

> 神龟虽寿，犹有竟时。
>
> 腾蛇乘雾，终为土灰。
>
> 老骥伏枥，志在千里。
>
> 烈士暮年，壮心不已。
>
> 盈缩之期，不但在天；
>
> 养怡之福，可得永年。
>
> 幸甚至哉，歌以咏志。

如果说《观沧海》充满了浪漫主义情怀，这首《龟虽寿》则更多地抒发了曹操人生苦短的感慨。

传说神龟是最长寿的动物，古人相信其寿命可以达到上万年。现代生物学告诉我们，龟最长寿命不过二三百年，但比起人类也算长寿了。即便这样，龟也有死亡的那一天；腾蛇也是传说中的仙兽，能够腾云驾雾，然而它最终还是要化为灰烬。"烈士暮年，壮心不已。"尽管有高亢之音，但难掩整诗的悲凉。天下还有近一半领土没有统一，曹操忧心忡忡，寿命无多，人生无常。这时，他有了享乐的思想，想要追求"养怡之福"，以此来延年益寿。

这一年对于曹操来说，是个重要的转折点。他意识到完成安定天下的夙愿，道路依然漫长，在他这一辈子里大概难以完成了。从这个时候起，曹操开始谋划身后事，现在要做的，是巩固自己的地位和权力，统一天下退居到了第二位。

建安十三年（208）六月，曹操废除汉代延续了二百一十多年的"三公制"，恢复"丞相制"。

西汉初年，实行丞相制，设置一名丞相；汉惠帝、吕后时期，分为左、右丞相；汉文帝时期，重归一名丞相。丞相又称相国、宰相，权力很大，汉文帝时期的丞相陈平曾描述丞相的权力："宰相者，上佐天子理阴阳，顺四时，下育万物之宜，外镇抚四夷诸侯，内亲抚百姓，使卿大夫各任其职焉。"总的来说，丞相有五项权力：选官权、督察百官并有一定的执法权、上计考课权、总领朝议与奏事权、封驳与谏诤权。换句话说，除了军权之外，几乎涵盖了所有朝政大权。所谓"一人之下，万人之上"，指的就是丞相。

汉成帝时，御史大夫何武以丞相一人难以处理繁多的政事为理由，建议立"三公制"，于是成帝改御史大夫为大司空，遂以大司马、大司空、丞相为"三公"。这里，丞相名称还保留，但职权已经被分化。汉哀帝时干脆改丞相为大司徒。后汉时"三公"名称为司徒、司空、太尉。即使这样，皇帝也把"三公"权力逐步回收，"三公"逐渐沦为名号，职位虽然尊贵，但实权很小，行政权力集中于尚书台。

董卓曾经拜国相，只是朝政很乱，并没有什么实际作用。

曹操奉迎天子后，任司空，以正身份，达到三公的级别；任车骑将军，以掌握军权；录尚书事，以控制行政权力；任司隶校尉，以监察百官。通过这几种权力组合，"百官总己以听"，达到擅政的目的。

现在恢复丞相制，意图很明显，就是要大权独揽。过去的权力组合，从理论上讲，还有其他官员可以掣肘。比如司徒、太尉都有很高的地位；大司马、大将军的军职都高于车骑将军。虽然曹操空设大司马，大将军名义上给了袁绍，但毕竟在职位上难以达到极限。恢复了丞相制，事权归一，做事就会少许多顾忌。

丞相制中，相配套的还有御史大夫这个官位。御史大夫的本职是主管御史台，负责监察百官。但曹操新恢复的御史大夫，却不领御史台，只是个名义罢了。

曹操任司空时开府，任丞相后府第更高。丞相府内自有一套官吏，如中领军、武卫营，征事，各类曹掾等。司马懿就是在这一年到丞相府任文学掾，负责执掌丞相府内文献典籍，管理一些文化教育事务。

曹操还创立了"副丞相"这样的职位，不过名称不叫副丞相，叫"五官中郎将"。五官中郎将是个量身定做的官位，由太子曹丕担任。曹操传递的信息比较明确，是把曹丕作为接班人培养，为身后事谋。不过，这已经是建安十六年（211）的事情了。

春风十里铜雀台

　　曹操从乌桓北征回来，夜宿邺城，梦见金光由地而起，直冲云霄。曹操好生奇怪，第二天，命人在金光闪烁的地方挖掘，得到一只铜雀。"雀"与"爵"音近，在古代象征着吉瑞。荀攸在旁边揣摩曹操心思，又从历史典故中找到吉瑞的依据：据说舜的母亲梦见玉雀飞到怀里，这样才生下舜。可见雀是孕育圣人的吉兆。曹操大喜，决定建一座"铜雀台"以纪念这个吉瑞的梦，彰显平定四海的功绩。

　　漳河水从邺城北流过，铜雀台就建在漳水河畔，台高十丈，台上建有楼阁殿宇百余间，楼顶雕塑一个铜雀像，高一丈五，神态逼真，舒翼若飞。伫立台上，能够依阁观景，看漳水浩然东流，感受华年如水，一去不返。亦可把酒临风，极目平川，感受盛业伟岸，陡然壮志凌云。还可以为宴会，对酒当歌，恣肆欢谑。

　　铜雀台建成，就是邺城的一道风景。为了陪衬铜雀台的雄伟，又建了金虎台、冰井台，立于前后。三座台并称"邺三台"，一字排开，各相距六十步远，中间各架飞桥相连。再修建一个园子把三座台围起来，叫西园。

　　这里，是盛大的公务活动场所，也是建安文学的发源地。

　　建安十五年（210），铜雀台建成之日，曹操率文武百官登台庆贺，大宴群臣。一时间台上觥筹交错，大殿鼓乐喧天，其情其景，盛况空前。趁着酒兴，曹操命他的几个儿子和一帮文人登台作赋，比试文采。其中曹植文思敏捷，下笔成章，写成《铜雀台赋》：

> 从明后而嬉游兮，登层台以娱情。
> 见太府之广开兮，观圣德之所营。
> 建高门之嵯峨兮，浮双阙乎太清。
> 立中天之华观兮，连飞阁乎西城。
> 临漳水之长流兮，望园果之滋荣。
> 仰春风之和穆兮，听百鸟之悲鸣。
> 天云垣其既立兮，家愿得而获逞。
> 扬仁化于宇内兮，尽肃恭于上京。
> 惟桓文之为盛兮，岂足方乎圣明！
> 休矣美矣！惠泽远扬。
> 翼佐我皇家兮，宁彼四方。
> 同天地之规量兮，齐日月之晖光。
> 永贵尊而无极兮，等年寿于东王。

这篇赋文辞华美，神思飞扬，确是汉赋中的精品。赋的大意是，登上铜雀台，欢娱之情油然而生。天地开阔，所见之处都是丞相的功绩。楼台嵯峨，高耸入云，好像飘浮在太空。漳水长流，滋润着西园的草木。春风和畅，百鸟争鸣。直达天际的高台既然已经立了起来，家父的愿景也一定能够实现！四海之内弘扬仁德，让天下人对朝廷端严恭顺。只有齐桓公、晋文公的文治武功，才能让人明白什么是圣明。恩泽远播，辅佐皇家，四方安宁。这份功绩，同天地共存，与日月同辉，希望永远享有富贵尊崇，与玉皇一样万寿无疆。

曹植的赋，除了描写铜雀台的崔嵬嵯峨，更主要的是为曹操歌功颂德。

而曹丕的赋，比曹植要含蓄一些：

登高台以骋望，好灵雀之丽娴。

飞阁崛其特起，层楼俨以承天。

步逍遥以容与，聊游目于西山。

溪谷纡以交错，草木郁其相连。

风飘飘而吹衣，鸟飞鸣而过前。

申踌躇以周览，临城隅之通川。

通篇都是在描述铜雀台所见所闻，没有太多涉及政治。曹植张扬，曹丕内敛，由此可见一斑。

从此以后，铜雀台与文学结下了不解之缘。

建安期间，在曹操父子的带动下，文学重归兴盛。那时，在邺城形成一个文化沙龙，称为"邺下文人集团"，包括曹操的几个儿子和著名的"建安七子"，以及其他文人。"建安七子"是孔融、陈琳、王粲、徐干、阮瑀、应玚、刘桢等。铜雀台建成时，孔融已死，其他人都是西园的常客。曹丕作为太子，没有曹操那么繁忙，经常在西园和铜雀台宴请这些文人，有一次曹丕喝得高兴，让夫人甄氏出来拜会大家，按规矩坐中人须匍匐于地，不得仰视。独刘桢为甄氏的风采所吸引，目不能移。曹丕倒不在意，曹操听后大为恼怒，要治刘桢大不敬之罪。经过说情，最后罚刘桢做劳役，贬为小吏。

那是一段青春恣肆的岁月，他们才华横溢，壮志凌云，意气相投。他们在这里游园赏景，高谈阔论，激扬文字。曹植另一首《公宴诗》，道出当时情形：

公子敬爱客，终宴不知疲。

清夜游西园，飞盖相追随。

明月澄清影，列宿正参差。

秋兰被长坂，朱华昌绿池。

潜鱼跃清波，好鸟鸣高枝。

神飙接丹毂，轻辇随风移。

飘飘放志意，千古长若斯。

　　"公子"指曹丕，"客"指的就是这一帮文人。曹丕请客，欢宴一整天，大家还不知疲倦。酒足饭饱，就去游园。明月澄净，秋兰铺地，碧荷映水，鱼跃清波，鸟雀婉转。

　　今夜如此和谐，美景怡人，美酒醉心，诗情画意，令人神往。"神飙接丹毂，轻辇随风移"，风吹动红色车轮，马车像生出双翼。这一辆风中飞奔的华车，载着酒兴正好的宾客们，御风飞翔。当然，心情也像风一样自由。

　　"飘飘放志意，千古长若斯。"这样纵情遨游，逍遥放歌，真希望这一刻就是永远。

风流总被雨打风吹去

邺下文人中，成就最高的还是曹操、曹丕、曹植父子（"三曹"）。而王粲的诗赋，被誉为"七子之冠冕"。

王粲，字仲宣，山阳郡高平县（今山东微山）人，出身名门，其曾祖、祖父都位列三公。

献帝西迁长安时，王粲也随同前往。当时的文坛泰斗蔡邕，见到王粲，十分赏识。王粲到蔡府拜访，蔡邕欣喜若狂，急忙到门外迎接，连鞋子穿反了也顾不上换过来。王粲身材短小，容貌丑陋，年纪又轻，屋子里的客人见蔡邕对他这样看重，十分惊讶。蔡邕却说："他是个奇才，我自愧弗如。我家里的藏书，都应该归于他。"那一年，王粲才十五岁。

王粲见长安混乱，待了两年，到荆州投奔老乡刘表。在荆州期间，他为刘表写御用公文，辞章纵横，文采飞扬，很受称赞。但因为其貌不扬，身体羸弱，不拘小节，并不被重用。王粲怀才不遇，郁郁寡欢。

建安十三年（208），曹操南下荆州，王粲归顺。曹操久慕王粲之名，任命他为丞相掾，封关内侯。关内侯有爵位，无封国，这是表示恩宠。后又调任为军谋祭酒，专管作文、记录。建安七子中，陈琳、阮瑀也都做过军谋祭酒。曹操封魏王后，王粲任侍中。

王粲博学。当时旧礼仪废弛殆尽，王粲除旧布新，制定新的典章。王粲口才好，朝廷奏议，他一开口，王朗、钟繇这些有名的大臣都接不上话。

王粲有个奇特的爱好，爱听驴叫。建安二十二年（217）春，王粲去世，年四十一岁。下葬时，曹丕说："仲宣爱听驴叫，我们学驴叫为他送行吧！"顿时葬地一片驴叫之声。曹植则作《王仲宣诔》以示纪念。

王粲著诗、赋、论、议近六十篇，今存赋二十多篇。王粲还著有一本史书，叫《汉末英雄记》，记载的正是同时代的风云人物。这本书现在已经遗失，但裴松之注解《三国志》，对《汉末英雄记》多有引用。

建安七子中，陈琳则以骂曹操而闻名。

陈琳，字孔璋，广陵射阳（今属江苏）人。陈琳有文才，原为大将军何进的主簿，掌管文书，何进死后，避难依附于袁绍。官渡之战爆发，陈琳受袁绍命作《为袁绍檄豫州文》，把曹操比作赵高、吕产、吕禄，把袁绍比作平息诸吕之乱的周勃，继而痛骂曹腾、曹嵩，把他们比作妖孽。然后一一列举曹操的罪恶，将曹操归入贪、残、虐、烈这样的无道之臣。最后号召天下豪杰共同讨伐曹操。檄文写得文采飞扬，很有感染力、煽动力，曹操当时正患头风，卧病在床，读了陈琳的檄文，竟惊出一身冷汗，翕然而起，头痛也感觉不到了。

官渡之战胜利后，陈琳被俘，曹操责怪他："你骂我也就罢了，为什么连祖上也不放过？"陈琳战战兢兢，回答说："箭在弦上，不得不发。"就是这样把曹操骂得狗血喷头的人，曹操不仅没有杀他，反而亲自给他松绑。

陈琳的代表作为《饮马长城窟行》。此诗用乐府旧题，以秦代修筑长城为背景，描写繁重的劳役给广大人民带来的苦难。他的赋却多为歌功颂德之作，为袁绍写过《武军赋》，为曹操写过《神武赋》。南朝文学评论家颜之推说："陈孔璋居袁裁书，则呼操为豺狼；在魏制檄，则目绍为蛇虺。在时君所命，不得自专，然亦文人之巨患也，当务从容消息之。"对陈琳谄媚权力表示惋惜。

当然，陈琳最为有名的还是那篇《为袁绍檄豫州文》，南朝人刘勰在《文心雕龙》中数次提及，颇多溢美之词。

建安七子中另一个值得一提的人物是阮瑀。

阮瑀，字元瑜，是蔡邕的学生，性懒散，不喜做官。开始的时候，曹洪要辟他为掌书记，不去。后来曹操听到他的名声，派人请他，仍然不去，为此还躲进了深山。曹操让人烧山，阮瑀无处藏身，这才出来就仕。不过阮瑀也绝非一窍不开，因为不善言语，曹操对他很不满意，随时有被杀的危险。一次宴会中，阮瑀抚弦而歌，唱道："奕奕天门开，大魏应期运。青盖巡九州，在东西人怨。士为知己死，女为悦者玩。恩义苟敷畅，他人焉能乱？"这是为曹操歌功颂德，曹操很高兴，阮瑀这才得以安全。

阮瑀的儿子阮籍与阮瑀性情颇相似，是"竹林七贤"中的主要人物，比阮瑀更为有名。

除了建安七子，当时活跃文坛的还有一位女作家。她命运多舛，人生极具波澜。她就是蔡琰蔡文姬。

蔡琰，字文姬，是名士蔡邕的女儿。蔡琰在文学和音律上造诣很深。小时候，蔡邕弹琴，断了一根弦，蔡琰马上说："第二根弦断了。"蔡邕认为蔡琰只是猜中的，又故意弄断一根，蔡琰马上说："这次是第四根断了。"

蔡琰先嫁卫仲道，卫仲道不幸早逝。蔡琰无子，回到娘家，住在长安。李傕、郭汜作乱时，南匈奴左贤王趁机到关中抢掠，竟然掳走了蔡琰。在南匈奴，她被迫与胡人生下两个儿子。

曹操与蔡邕年龄相差二十二岁，但二人相识后成为至交。后来曹丕回忆："家父与蔡伯喈是管鲍之交。"伯喈是蔡邕的字。管鲍，指春秋时的管仲和鲍叔牙，二人友谊深厚，彼此信任。曹操从蔡邕那里学到文学、音乐、书法知识，对蔡邕有感恩之情。

建安十一年（206），蔡文姬被掳去十二年后，曹操才得知蔡文姬的消息。他痛惜蔡文姬的才华，加上对蔡邕的感情，于是派使者携带黄金千两、白璧一双，把她从南匈奴赎回。

一代才女，沦落塞外十二年，饱受凌辱和虐待，因为曹操，得归故里。

曹操念其孤苦，亲自为其做媒，嫁给屯田都尉董祀。

不久，董祀因事犯罪，要受死刑。蔡琰找曹操为其求情。当时，曹操正在宴请公卿大夫，蔡琰披头散发，光着双脚进来，情绪哀痛，言辞酸楚，宾客们都为之动容。曹操说："我已经把判罪的文书发了出去，怎么办？"蔡琰说："你马厩里的好马成千上万，勇猛的士兵不可胜数，还吝惜用一匹快马去救一条将死的人命吗？"

曹操被蔡琰真情感动，赦免了董祀。

蔡文姬有《悲愤诗》两首传世，相传还谱写了乐曲《胡笳十八拍》。"自知百年后，堂上生旅葵"，"良时忽一过，身体为土灰"。建安七子，孔融、阮瑀早亡，其他五人，竟然全部死于建安二十二年（217）冬天的一场瘟疫。这是一场奇怪的瘟疫，重要的历史人物大都没有死亡的记载，只有建安诸子烟消云散。

曹操也在那一年去世，而后曹丕即位，曹植被迫离开邺城。风流总被雨打风吹去，热闹的铜雀台归于平寂，绚若烟花的文学高潮蓦然湮熄，唯有建安风骨，与世长存。

第八章

冬天里的一把火

荆州这块肥肉

平定乌桓后，全国有影响的军阀势力，还剩下荆州刘表，江东孙权，益州刘璋，凉州马腾、韩遂，汉中张鲁，等等。孙权，字仲谋，是孙策的弟弟。孙策死时，其子年幼，于是将江东托付于弟弟孙权。这几个地方，荆州毗邻许都，对曹操集团威胁最直接，曹操每次征伐，都要顾忌到荆州。幸而刘表好于座谈，立意自守，无四方之志，才没有给许都造成实质性麻烦。

曹操下一个征伐目标，理所当然地锁定荆州。

荆州辖七郡一百一十七县，辖区相当于现今的湖北、湖南大部，以及河南、贵州、广东、广西等地的一部分。七郡分别为南阳郡、南郡、江夏郡、零陵郡、桂阳郡、武陵郡、长沙郡，后来把南阳郡、南郡划出一部分县，设置襄阳、章陵二郡，形成"荆襄九郡"，刘表时，州治襄阳。

荆州大部分地区位于长江、汉水流域。长江横穿南郡、长沙郡、江夏郡，汉水则流经襄阳郡。整个荆州江河纵横，水流充沛，适宜行舟，不适宜旱路。

取荆州，须用水军。

曹操从乌桓归来，就着手训练水军。他在邺城修建了一座人工湖泊，取名玄武池，供水兵操练。然而仅仅一个多月，水军还没有雏形，形势发生了变化，迫使他提前进军荆州。

荆州牧刘表，字景升，汉室宗亲，汉景帝子鲁恭王刘余之后。少时有才学，被大将军何进辟为掾属。董卓乱政时，荆州原刺史为孙坚所杀，董卓上书推荐刘表继任。时天下大乱，荆州四周群雄并起，刘表无法直接上任，只好隐姓埋名，只身匹马来到荆州。到荆州后，依靠当地士族蒯良、蒯越、蔡瑁，还娶了蔡瑁二姐为继室，这才在荆州站稳脚跟。而后恩威并举，荆州各地势力纷纷归附，荆州一时万里肃清，群民悦服。

在北方乱成一团麻的时候，荆州相对稳定，所以兖州、豫州、徐州、关中这些地方的很多儒士学者到荆州躲避战乱。诸葛亮和弟弟诸葛均就是随叔父从琅邪避难到荆州的。

在平定和治理荆州上，刘表展现出不同凡响的智谋。其后，刘表和袁绍结盟，开始共同对付袁术，后来牵制曹操。但随着年岁渐老，偏重守成，进取之心渐失。

献帝东奔时，张济部队在关中缺粮，到荆州抄掠，刘表不仅没有与之为敌，反而让其驻扎南阳，以为北藩，帮助抵御曹操。后张绣投降曹操，刘表失去宛城。官渡之战时，刘备在汝南骚扰曹操，被打败后投奔刘表，刘表让其驻军新野（今属河南南阳），也为北藩。

刘备是坚定的抗曹派。曹操北伐乌桓，刘备劝刘表趁机出兵许都，劫持献帝，刘表不愿多事，没有采纳。等曹操北伐回来，刘表又后悔，但已经晚了。

刘表有三子：刘琦、刘琮、刘修。蔡夫人十分喜爱刘琮，将侄女嫁于刘琮，蔡瑁等也偏爱刘琮，这样导致长子刘琦在襄阳没有办法立足。刘备和诸葛亮支持刘琦，给刘琦出主意，让他请求外任江夏太守，远离避祸。

刘表已经六十多岁，体弱多病，二子不和，其死后势难守住荆州。刘备在北，野心勃勃；孙权在东，窥伺已久；刘璋在西，也想入非非。对于曹操来说，荆州一旦落入旁人之手，想要征服更难。

建安十三年（208）春，孙权出兵江夏，占领江夏郡的长江以南部分，并打算进一步西取荆州。刘备也趁刘表病重，以拱卫襄阳为借口，移兵樊城，樊城和襄阳一水之隔，近在咫尺。

时不我待，曹操要赶在群雄之前下手，一举拿下荆州。

建安十三年（208）七月，曹操挥师南下。此时距还师乌桓只有半年。

八月，曹操兵马未到宛城，荆州那边情况又发生了变化。刘表听到曹操南下的消息，又气又急，竟然一命呜呼。刘表一死，荆州将领蔡瑁、张允等拥戴刘琮做了荆州之主。

东曹掾傅巽对刘琮说："逆顺有大体，强弱有定势。以人臣而拒人主，逆道也；以新造之楚而御中国，必危也；以刘备而敌曹公，不当也。"曹操以汉室朝廷名义出兵，因此为"人主"；荆州古属楚地，汉代之前，所谓中国，仅仅指中原地区。傅巽指出荆州的三个短板后，又攻击主战派刘备："如果刘备抵御不了曹公，那么整个荆州无法保全；如果刘备能够抵御曹公，那么刘备不会甘心居将军之下。"只要抵抗，无论胜负，荆州都会易主，抵抗还有什么意义呢？

刘琮听从大家建议，派使者持皇帝赐予的汉节，投降曹操。

刘琮投降的消息传到樊城，诸葛亮劝刘备攻打刘琮，占领襄阳，或许能够抵御曹操。刘备因受刘表托孤，因此不忍。但他自知以一己之力，难以抵御曹操，只好率兵向江陵（今湖北荆州）撤退，同时令关羽沿汉水而下，到江夏请求刘琦接应，在江陵会师。刘备在荆楚很有威望，他路过襄阳城下，刘琮身边的一些人趁机逃走追随他，周围群众也云合景从，一时间，老幼羸弱达十万余众。有人劝刘备舍弃群众，刘备说："要成就大事，必须得到民心。老百姓跟从我，我怎么能抛弃他们！"加上几千车辆辎重，行动很慢，一天只能走十多里。

江陵是军事重地，刘表在这里储藏了大量军械、粮草。曹操不愿让刘备得到江陵，他来不及安抚襄阳，亲率麾下最精锐的虎豹骑五千兵士快马加鞭追击，每天行进三百里，到当阳县的长坂追上了刘备。刘备丢下妻子儿女，和谋士诸葛亮，部属张飞、赵云等数十骑逃走，其中张飞负责断后。

张飞率二十骑拆断桥梁，据守河岸。他横握长矛，两眼圆睁，大声喝道："我是张翼德（张飞，字翼德），上来决一死战！"曹军竟无人敢应战。

有一段时间，刘备找不到跟随身边的赵云了，有人揣测："赵云向北逃跑了。"刘备大怒，把手上的戟掷向那人，骂道："赵子龙（赵云，字子龙）不会丢下我逃跑的。"过了一会儿，赵云抱着刘备的儿子刘禅赶了上来。刘备不敢再去江陵，只好乘坐关羽的战船逃到了江夏郡，屯驻夏口（今武汉汉口）。

曹操缴获跟从刘备的人口和大量辎重，并顺利占据了江陵。

曹操只用三个月，轻松得到荆州，大喜。他给刘琮换了个地方，任命其为青州刺史。封蒯越等十五人为侯，给荆州原主要官吏都任命了新的职务。刘表手下大将文聘，镇守荆北，没有同刘琮一起投降曹操。曹操接收荆汉后，责罚文聘，文聘说："我未能保全境内的土地，深感惭愧。"曹操有感于他的忠义，任命他为江夏太守，仍让他统领军队。

曹操又派人招降荆州南部的长沙、零陵和桂阳三郡，三郡皆降。至此，荆州全境，除江夏外，全归曹操。

更为重要的是，他完整地得到荆州水军七万人、战船上千艘。这将成为他统一南方的基本军事力量。

战还是降，这是个问题

曹操雄才大略，不拘小节，这样的人，往往容易得意忘形、轻举妄动和粗心大意，特别是过于顺利的时候。

譬如在南阳，张绣举城投降，曹操一高兴，毛病就犯了，强纳张绣的婶娘，结果酿成宛城之变，死了长子，死了侄子，死了大将。

官渡之战以来，曹操顺风顺水，从没有遭受军事上的挫折。特别是现在，荆州举州归降，他不禁骄矜自得，轻率地做出一个重大的决定：挥师东吴。

此时荆州九郡，半个江夏在东吴，半个江夏属刘备，曹操一下子吞并了八个郡，还是刘表、刘备多年深耕之地。照理，应该消化一段时间，巩固统治，安抚百姓。但曹操没有，他要再接再厉。

荆州七万水师归降，按理，要训练一段时间，跟陆军磨合磨合，增加水师的忠诚度，增加水陆协调作战能力。但是，曹操没有，他要乘胜追击。

即使用兵，宜将剩勇追穷寇，应该先攻打龟缩江夏的刘备，但曹操没有，他已经没有兴趣各个击破，细嚼慢咽，他要狼吞虎咽，一气呵成。

其实贾诩对形势看得很清楚，他提醒曹操："明公昔日破袁氏，今又收荆州，威名远播，军势正盛。如果现在利用荆楚富饶的条件，安抚百姓，等待时机，可能不需要兴师动众，就能够让孙权稽首归服。"但是曹操没有听从。

有没有可能孙权自动把刘备的头颅送上，像辽东太守公孙康送上袁熙、袁尚人头一样？程昱认为不可能："孙权新即位，未有威名。孙权自知不能独拒曹公，必定借助刘备的力量来对付我们。"程昱担心孙、刘结成联盟，但曹操已经不在意这些了——孙、刘结盟又如何？一样会成为我手中的猎物。

客观地来说，贾诩和程昱只是得出了结论，证据并不充分，说服力不强，这也是曹操没有采纳其建议的原因。假使郭嘉在，以二人的君臣相知，或许能够劝阻曹操，也未可知。

曹操急于一战，又有现实的因素。时曹操五十四岁，而天下尚有近半在他人之手，带着这样的遗憾老去，他不甘心。他要在有生之年，完成天下统一。

于是，曹操给孙权写了封信：

> 近者奉辞伐罪，旌麾南指，刘琮束手。今治水军八十万众，方与将军会猎于吴。

意思是，近来奉圣旨讨伐逆贼，军队向南方征战，刘琮束手就擒。现在统领着八十万水军，正要和将军一起在东吴打猎。

这段文字虽然简短，但威慑力巨大。首先表明自己出征是奉了天子之命，师出有名，而后展现了大军势如破竹的气势，特别是最后一句，对孙权是赤裸裸地威胁。

孙权接到这封信，让大臣传阅，无不大惊失色。大臣们迅速分成两个阵营：主降和主战。

主降派以张昭为代表。

张昭，字子布，徐州彭城（今江苏徐州）人。为避战乱逃到江南，被孙策重用，把他比作管仲。孙策临终前将弟弟孙权托付给张昭，嘱咐张昭说："若仲谋不任事者，君便自取之。正复不克捷，缓步西归，亦无所虑。"意思是，如果孙权不能担当大任，你就取而代之。如果在江东发展不顺利，慢慢地回归朝廷，也不需要有所顾忌。此时张昭职务为长史，意同别驾，算是孙权的副职。张昭对孙权说："曹操如豺狼虎豹，以汉室丞相之名，挟天子以征四方。将军能够抗拒曹操的屏障，就是长江。现在曹操占据了荆州，有了水军，得到数千艘战船，如果水陆俱下，我们失去了长江天险这个有利地形，敌众我寡，恐不能与之抗衡。我认为投降才是上策。"江东绝大多数臣僚支持张昭的主张。

主战派以鲁肃为代表。

鲁肃，字子敬，临淮郡东城县（今安徽定远）人。鲁肃体貌魁伟，性格豪爽，喜读书，好骑射，和周瑜交好，随周瑜投奔孙权，很受孙权器重。鲁肃对孙权说："像我鲁肃这样的人，可以投降曹操，但将军不可。我鲁肃投降了曹操，可以重新从基层做起，以后逐级升迁，说不定能够做个州郡长官。如果将军投降曹操，曹操会把你安置到什么地方？希望早日定下大计，不要理睬众人的意见。"

鲁肃把孙权的利益放在了首位，他的意见得到孙权的赞同。为了说服大家，孙权下令把在鄱阳（今江西鄱阳县）训练水军的周瑜招来。

周瑜，字公瑾，庐江舒县（今安徽庐江县）人。周瑜长得英俊潇洒，精通乐律，年少时和孙策交好，二十一岁随孙策奔赴战场平定江东。孙策死后，他和张昭共掌东吴军政大事。

时孙权正领兵屯驻柴桑（今江西九江西南）。周瑜从鄱阳赶回，极力主战，对孙权说："操虽托名汉相，其实汉贼也。将军当为汉家除残去秽。"他详细分析了双方胜负的成算，指出曹操三大弱点，一是凉州未平，曹操有后患；二是曹军不善水战，用水军与吴越争衡，是舍长取短；三是北方士兵不服水土，必生疾病。又指出，曹操八十万大军是虚数，实际数量要比这个少得多，其中中原兵力十五六万，新接收的刘表部队最多七八万，中原兵力已经疲惫，刘表部队心怀猜忌，都不足为惧。周瑜请求带精兵五万，进驻夏口与曹操决战。

　　鲁肃、周瑜合情合理的分析坚定了孙权的抗曹决心。孙权拔刀砍去书桌的一角，说："诸将吏敢复言投降曹操的，就像这张桌子。"

　　东吴遂统一思想，西向迎战。

联盟就是力量

孙权在骨子里是主战的。孙氏经营江东多年，政局稳定，兵强马壮，人心归服，孙权绝不会轻易将父兄基业拱手相让。

其实，主战派早就有所行动，那就是促成孙、刘联盟。

曹操南下荆州时，孙权就派鲁肃前往襄阳，借为刘表吊丧机会，说服刘备同心一意，共制曹操。鲁肃到夏口，因形势不明，不敢走汉水，直接逆长江而上。到南郡，得知刘琮降曹，刘备南逃，急忙北折，在当阳长坂和刘备会合，并力劝刘备与孙权合作。

在刘备阵营，诸葛亮具有举足轻重的话语权，所以是否与东吴联合，刘备还要征求诸葛亮意见。

诸葛亮，字孔明，琅邪阳都（今山东沂南县南）人，为避战乱隐居在南阳隆中，自号卧龙，经常以管仲、乐毅自比。刘备三次到诸葛亮隐居的地方拜访，诸葛亮才答应辅佐刘备，史称"三顾茅庐"。刘备非常器重诸葛亮，说："孤之有孔明，犹鱼之有水也。"

三顾茅庐时，诸葛亮向刘备提出了一个战略规划，就是著名的《隆中对》：

> 今操已拥百万之众，挟天子而令诸侯，此诚不可与争锋。孙

权据有江东，已历三世，国险而民附，贤能为之用，此可以为援而不可图也。荆州北据汉、沔，利尽南海，东连吴会，西通巴、蜀，此用武之国，而其主不能守，此殆天所以资将军，将军岂有意乎？益州险塞，沃野千里，天府之土，高祖因之以成帝业。刘璋暗弱，张鲁在北，民殷国富而不知存恤，智能之士思得明君。将军既帝室之胄，信义著于四海，总揽英雄，思贤如渴，若跨有荆、益，保其岩阻，西和诸戎，南抚夷越，外结好孙权，内修政理；天下有变，则命一上将将荆州之军以向宛、洛，将军身率益州之众出于秦川，百姓孰敢不箪食壶浆以迎将军者乎？诚如是，则霸业可成，汉室可兴矣。

诸葛亮的规划里，不要惹曹操，对孙权可以结盟但不要有其他想法，要想办法得到荆州和益州作为基本领土。政权巩固之后，分两路图谋中原，一路从益州向北出秦岭，一路从荆州向北攻南阳、洛阳。

诸葛亮的规划早已明确与孙权结盟是既定方针，当下的形势，刘备如丧家之犬，只要有人收留、依靠，何乐而不为？双方一拍即合，初步达成结盟协议。刘备本来要继续南逃，逃到苍梧太守吴巨处，见东吴势力可以依靠，遂奔向夏口。到夏口后，按照鲁肃的建议，移兵进驻樊口（今湖北鄂州），这样离孙权更近。同时派诸葛亮随同鲁肃到柴桑，具体商量结盟事宜。

诸葛亮和鲁肃是双方结盟的发起者和积极推动者，两人一见如故，成为好友。诸葛亮见到孙权，故意说：海内大乱，将军起兵据有江东，刘豫州（指刘备，因刘备曾领豫州牧）也在汉水之南招募军队，与曹操并争天下。今曹操已经削平大乱，平定北方，攻破荆州，威震四海。英雄无用武之地，所以刘豫州遁逃至此，希望将军能根据自己的力量给予妥善安排。如果能够以吴越之众同曹操抗衡，不如及早与他断绝关系。如果不能，为什么不放下武器，收起盔甲，趁早向其俯首称臣？现在将军表面上服从，内心里挣扎，遇到紧急的事情不能决断，大祸很快就会降临。

孙权听了这番话，很不高兴，反唇相讥："刘豫州为什么不投降曹操？"诸葛亮正要等此一问，说："刘豫州乃堂堂汉室宗亲，英才盖世，以兴复汉室为己任，许多贤能之士追随他，像江河会聚大海。刘豫州怎么能拜倒在曹操脚下呢？"诸葛亮言外之意，孙权不是英雄，不可以与刘备相提并论。

诸葛亮用的是激将法，果然，孙权大怒，说："我有吴越十万之众，怎能受制于人？我已经下了决心，要抗击曹操。"

接着诸葛亮又给孙权分析了当下形势，为孙权鼓劲打气：其一，刘备、刘琦还有相当数量的兵力；其二，曹军疲惫；其三，曹军不习水战；其四，荆州未稳。有了这四条，加上双方联合，曹军可破，从此孙权可以坐稳江东了。

孙权听后，抗曹的决心更足了。

孙权以周瑜为左都督，程普为右都督，统领全军。鲁肃为赞军校尉，负责筹划方略。随军将领还有黄盖、韩当、吕蒙、甘宁、凌统、周泰等。周瑜本来向孙权要五万兵马，但一时难以集结，孙权只给了他三万精兵。周瑜带兵到樊口与刘备军会合，刘备士兵看见周瑜的船队，赶紧报告给刘备，刘备派人前去慰劳，并乘一艘小船亲自拜会周瑜。随后吴军在前，刘备率关羽、张飞及两千人马在后跟随，逆水而上，在中途等候曹军。

曹操给孙权写的信石沉大海，更没有等到孙权把刘备的首级自动送上，只好进行战争部署。

荆州留守方面：派曹仁、夏侯渊驻守江陵，派曹洪驻守襄阳。

进攻方面：分两路向夏口进军。主力部队由曹操亲领，荀攸、陈矫、贾诩、董昭、王粲、陈群、徐宣、华歆、王朗、裴潜、刘广、桓阶、许褚、乐进、满宠、曹纯、曹休、曹真、蔡瑁、张允、徐晃、任峻等随军，自江陵出发，顺长江而下，向夏口前进。另一路以章陵太守赵俨为都督护军，监领于禁、张辽、张郃、朱灵、李典、路招、冯楷七路人马，并程昱、文聘，自襄阳出发顺汉水而下，进军夏口。

曹操主力部队在途中与孙、刘联军相遇，曹军试图渡江，联军阻击，结果曹军战败。其一，曹军不习水战，在船上站立不稳；其二，北方人不服水土，军队里发生了大规模的瘟疫，许多士兵得了病，战斗力锐减；其三，曹军沿江北上，本来是直取江夏，打击刘备，现在突然出现这么多东吴部队，曹军猝不及防。

　　曹操将军队撤到北岸，先稳定军心，再寻找机会。联军屯南岸，双方隔江对峙。北岸为乌林（今湖北洪湖东北），江南岸为赤壁（现湖北赤壁西北）。这次战役，史称"赤壁之战"。

　　赤壁，位于夏口向南三百里处，这里背后是巍巍青山，眼前是江水滔滔，江边有岩石耸立，惊涛裂岸，仿佛期待着一段峥嵘岁月。

　　对岸，乌林，千里沃野，一马平川。这里本是宁静富饶的鱼米之乡，此时，风飕飕，马萧萧，军旗猎猎。

　　冬日的赤壁，日光清冷，万木凋零，一派肃杀。

　　当时对峙在赤壁的军队数量，周瑜三万人，刘备两千人，曹操军队数量缺乏详细的历史记载。不过，曹操给孙权信中提到的八十万大军绝对属于夸张，此时在荆州的部队总数应该在二十万左右。考虑到一部分兵力驻守荆州各地，一部分由赵俨都督，对峙赤壁的兵力应该在十万左右。

　　孙权和刘备兵力的总和，不足曹操的一半。这是一场力量悬殊的战争。这也是一场年龄悬殊的战争。曹操五十四岁，沧海横流，英雄本色；刘备四十七岁，半世辗转，天纵英才；孙权二十七岁，神武命世，知人善任；周瑜三十四岁，羽扇纶巾，英姿不凡。

　　鹿死谁手，滔滔江水为凭。

那一把火，燃烧了半壁江山

曹操没有想到的是，这次战役将改变历史，并永留史册，被大书特书。他以为，就像伐吕布、伐袁术，这是众多战役中最普通的一次，自己大军所到之处，无不披靡，就像江水淘走污浊，就像北风吹落枯叶，胜负毫无悬念。他甚至想象，春天，他带着公子曹丕、曹植和一帮文人，到吴郡赏青山绿水，听吴侬软语，看烟柳云霞。

眼下遇到的问题，是瘟疫和士兵晕船。瘟疫初发，还没有更好的解决办法；而北方士兵不能乘船，曹操很快就想到了对策。

曹操用铁链把大大小小的船只连接起来，这样，船和船之间首尾相连，众多船只形成连环船，连成一只"超级航母"，有效减少了战船颠簸。士兵和战马在船上行走，如同陆地。紧接着，曹军的陆战队也到了乌林。为方便训练，在连环船旁安营扎寨，水陆连为一体，绵延几十里。

看着声势浩大、旌旗招展的队伍，曹操暗自得意，一度以为找到了北师南伐的秘密武器，每日在船上操练士兵。

然而，正是这个发明，成为赤壁之战孙、刘联军取胜的突破口。

曹军的动向很快传到了对岸。周瑜同手下商议："曹军势大，现在又把船连锁在一起，把水上变成陆地，我们该如何是好？"部将黄盖献策："曹军把船连在一起，正好可以用火攻。"一句话提醒了大家，连环船的破绽显露出来，一旦用火攻，船只无法分散，熊熊大火将吞噬整个军队。

于是周瑜和黄盖制订了周密的火攻计划。

黄盖给曹操写了封信，让使者送达曹营。信中欲扬先抑：我黄盖受孙氏厚恩，长期担任将帅，孙氏没有亏待我。接着笔锋一转，对曹操进行了一番吹捧：曹公拥有百万雄师，东征西伐，无往不胜。而东吴只有扬州六郡、山越之人，众寡悬殊，无论如何无法抵挡曹公大军。这是天下大势，海内之人都看得明白。然后对周瑜表达了不满：东吴的将士官吏，不论见识高低，都知道不可以负隅顽抗。只有周瑜、鲁肃意气用事，心思偏颇，浅陋愚拙，妄图顽抗到底。最后，表达了归顺之意：现在归顺曹公，是从实际考虑。周瑜统领的军队，很容易被摧毁。交战的那一天，我愿为前锋，一定会根据事态的变化，效命立功。

归降书写得诚恳，而且切合曹操的心思。在曹操的意识中，东吴的将领就应该这样，闻命而倒戈，见旗而来降。官渡之战后，环顾四周，难觅对手，曹操骄傲自矜，恃强轻敌。黄盖的投降书，正是投其所好。

为了慎重起见，曹操详细询问了送降书的信使。那信使从容道来，句句话合情合理，没有半丝破绽。

曹操大喜，让信使转告黄盖："盖若信实，当授爵赏，超于前后也。"黄盖如果信守承诺，一定加官晋爵，超过其他人。

双方还就归降的具体事宜进行了协商。

信使回到东吴大营，周瑜和黄盖喜不自胜。他们进行了战前准备。准备数十艘叫作艨艟的快艇和叫斗舰的大船。艨艟是古代水军的主力船，船体狭而长，航速快，机动性强，便于冲突敌船。斗舰是一种装备较好的战船，船身两旁开有插桨用的孔，船周围建有女墙，女墙上皆有箭孔，用以攻击敌人。船尾高台上有士兵负责观察水面情形。船上竖幡帜、牙旗，置金鼓，用于指挥作战。他们在艨艟和斗舰上装满柴草，往里面灌入膏油，用帷幕包裹起来，插上牙旗。在船的后面，系上轻便的走舸，纵火后，己方人员换乘走舸，继续作战。

这一天三更过后，天色黑沉沉的，但东南风已经刮起。在冬季，虽然全国大部分地区刮西北风，但在长江中游地区，东风似乎更常见一些。夜色朦胧中，黄盖率领十艘艨艟斗舰出发了。

风越来越大，船队离曹营越来越近。到了江心，船才鼓起帆，点亮火把，士兵对着曹营大喊："我们是来投降的。"午夜叛逃更容易成功，这是常识，所以曹操军队兵将都没有起疑心，还纷纷从船舱内探出头来，指指点点议论着。等到艨艟斗舰离曹营只有两里路时，黄盖令士兵同时点燃船舱内的柴草、膏油，于是，熊熊大火燃烧了起来。风助火势，风鼓快帆，船帆裹挟着大火向曹军的连环船冲去。引燃了一只、两只……这些连环船像多米诺骨牌，一只起火，纷纷起火。江上的火又点燃了岸边的营寨，水上、岸上一片火海，映红了长江，映红了天际，映红了半壁江山。

火海里，溃乱声、逃窜声、惨叫声交织在一起，将士们四处逃散。南岸的联军，在周瑜、刘备的带领下，乘船掩杀过来，同时，绕到曹营后面，试图掐断其退路。

弥漫的烟火中，曹操下令烧掉所有船只，以免给东吴留下军资。而后，带着残兵败将，向江陵方向逃去。经过华容道时，道路泥泞，人和马陷入泥淖中不能行走。曹操令羸弱病残士兵找枯枝杂草铺在泥上，才勉强通过。有些马匹性急，羸弱士兵还在路上，就踏着这些士兵的身体而过。泥淖中又死伤无数。

好不容易走过了华容道，曹操竟哈哈大笑。众将士不解，曹操说："刘备是能够跟我匹敌的人，但就是反应太慢。要是早点在这里埋伏，放把火阻击，我们都回不去了。"

周瑜、刘备不等曹操稍事休整，一路快马加鞭地追赶到江陵。如果能够重整军队，曹军在数量上依然还占据着优势。但是，一来孙、刘联军士气正足，二来曹军疫情进一步加剧，士气低迷。曹操不敢久留，带着主力回到北方，留曹仁、徐晃坚守江陵。

曹仁在江陵坚守一年多，虽互有胜负，但处在东吴的包围圈，战斗进行得异常艰辛。为了避免过多消耗，曹仁最终放弃了江陵，退守襄阳。

周瑜占领了南郡，刘备则向南发展，攻克武陵、长沙、桂阳、零陵四郡。这四郡，地处荒芜，战略价值不大。于是刘备向孙权借地盘，孙权为了联盟大计，同时为了把刘备推到抵御曹军的第一线，将南郡暂时借与刘备栖身。刘备把南郡治所移到长江南岸的公安县，以避曹操锋芒。

这样，荆州九郡，曹操占有南阳、襄阳、章陵三郡，后来把章陵郡并入了南阳；孙权则占有江夏郡的长江以南部分；刘备占有南郡、武陵、长沙、桂阳、零陵和江夏郡的江北部分。从地盘分配来看，刘备无疑是赤壁之战的最大赢家。

曹操这次损失除了荆州投降的水军，更有一直带在身边的许多精锐。正是这些精锐的伤亡，让曹军在很长一段时间内无法重新组织强大力量染指南方。加上曹操年纪已老，把主要精力放在了巩固政权、稳定后方上，他要为后曹操时代进行政治安排，难以倾全国之力平定南方。

三分天下因此有了雏形。

第九章

任天下人之智力，无所不胜

青青子衿，悠悠我心

赤壁惨败，曹操不由得想起自己最得意的谋士郭嘉，于是仰天感叹："郭奉孝在，不使孤至此。"由此对人才的渴求更加强烈。

早在关东诸侯讨伐董卓时，和袁绍谈论如何取得天下时，曹操就说："吾任天下人之智力，以道御之，无所不胜。"在以后的战争岁月里，他进一步加深了这种认识，以博大的胸怀和宽容的态度聚拢与使用人才，使手下谋士盈堂，武将云集。

曹操阵营中有些人才是主动投奔过来的，如荀彧、刘晔；有些是征召过来的，如程昱、荀攸、毛玠、王朗；有些是从汉室朝廷旧官僚中发现重用的，如钟繇；有些是从敌营中投降过来的，如贾诩、许攸；有些是破敌后俘虏归顺的，如陈群、崔琰；有些是从地方或基层选拔上来的，如贾逵；有些是被推荐的，如荀彧先后推荐过郭嘉、杜袭、司马懿、戏志才等；最奇特的是华歆，是假借汉帝之名，从孙权阵营中硬生生要来的。

但是，从官渡之战到赤壁之战，曹操阵营的人才没有太多新鲜血液的补充，一些谋士还因为种种原因凋零了。如郭嘉病死；许攸恃功自傲，被曹操杀掉。而同时，孙权、刘备集团人才呈爆炸式增长。特别是刘备，在三顾茅庐效应带动下，加上诸葛亮的推荐，大批荆州人士如蒋琬、马良、费祎、庞统等都被刘备所用，刘备阵营风生水起，欣欣向荣。

这加重了曹操的忧虑。

一日，曹操和群臣欢宴，时清秋气爽，明月当空，曹操借着酒力，吟诵一篇《短歌行》：

对酒当歌，人生几何！譬如朝露，去日苦多。

慨当以慷，忧思难忘。何以解忧？唯有杜康。

青青子衿，悠悠我心。但为君故，沉吟至今。

呦呦鹿鸣，食野之苹。我有嘉宾，鼓瑟吹笙。

明明如月，何时可掇？忧从中来，不可断绝。

越陌度阡，枉用相存。契阔谈讌，心念旧恩。

月明星稀，乌鹊南飞。绕树三匝，何枝可依？

山不厌高，海不厌深。周公吐哺，天下归心。

"短歌行"是乐府旧题，曹操补填新词，翻出新意，咏叹韶光流逝，期待人才为己所用。

起首四句感叹人生短暂。时间就像朝露，一晃而逝。次四句写忧思。正因为去日无多，才引发忧思。这种忧思，唯有美酒能够消解，又照应了首句"对酒当歌"。诗人忧思所为何事？下四句切中主题，原来是"青青子衿"牵挂着诗人的心。"青衿"是读书人穿的衣服，出自《诗经》，这里代指有才能的人。"呦呦鹿鸣"四句依然出自《诗经》，指热情而隆重地招待客人，这里表示对人才的盛情。

"明明如月"四句，又把人才比作明月，摘不到明月，诗人的忧愁不可断绝。"越陌度阡"四句，说人才越过险阻，克服困难屈尊来访，相见后如久别重逢，相谈甚欢，诗人写这四句的时候，大概想到初见荀彧、程昱、郭嘉时那种相见恨晚的情形。

上四句是说已经投奔过来的人才，"月明星稀"四句，则是说还在犹豫徘徊的人才。这些人正如乌鹊，"绕树三匝"，却不知道该投奔何处。后四句仿佛是对这些人的一个承诺：山永远不满足于自己的高度，海永远不满足于自己的深度，自己希望人才越多越好。"周公吐哺"是把自己比作周公。据说周公求贤若渴，为了接待天下之士，有时洗一次头，吃一顿饭，都曾中断数次。"天下归心"出自《论语·尧曰》："兴灭国，继绝世，举逸民，天下之民归心焉。"形容天下老百姓心悦诚服。这里表达了曹操的志向，就是创立王业，天下归附，士子归心。

这首诗，是曹操招徕人才的宣言。

陈留起兵二十年来，曹操对人才孜孜以求，宽厚大度。有些自视清高，看不起曹操的士子，曹操也能委曲求全；有些得罪过曹操的，曹操也能不计前嫌。

像陈琳，骂了曹操祖宗三代，曹操不但不计较，还格外器重他。而张绣、贾诩，在"宛城之变"中，杀死曹操的长子曹昂、侄子曹安民、大将典韦，与曹操更是有着深仇大恨，但张绣、贾诩来降，曹操还给他们加官封侯，并且对贾诩信任有加。吕布、陈宫叛乱在兖州，各郡县纷纷依附，曹操说："唯独魏种不会背叛我。"曹操之所以敢这样武断，是因为魏种是曹操发现并推荐做的孝廉。但不幸的是，魏种辜负了曹操，也投靠了吕布。听到这个消息，曹操大怒，说："你除非跑到北胡或者南越，否则我一定不会放过你。"后来魏种被生擒，曹操却亲自为他松绑，并任命他为河内太守。曹操对别人解释说："只因为他有才呀。"

曹操的气度和胸怀，是同时代领导者们无法企及的。

刘备被吕布驱赶，投奔曹操。程昱劝曹操说："刘备雄才大略，善于笼络人心，不会甘心久居人下，不如趁早杀了他。"曹操也知道刘备乃天下英雄，一直提防着刘备。但他认为杀了刘备，会让想来投奔的天下英雄寒心，得不偿失。曹操正是把收揽人才放在第一位，才冒着养虎为患的风险，没有杀掉刘备。

曹操珍惜关羽的才能，有时明知不可为而为之。

关羽，字云长，河东郡解县（今山西运城）人，为万人敌，跟随刘备辗转各地。建安五年（200），曹操击败刘备，在下邳生擒关羽。

曹操爱关羽才，待之甚厚。关羽尚无任何功劳，就表奏关羽为偏将军，封汉寿亭侯。曹操担心关羽没有久留之意，派关羽的好友张辽去试探他，关羽对张辽吐露实情："曹公待我很好，但我受刘备厚恩，不忍背弃。"张辽把关羽的原话转述给曹操，曹操明知关羽终会离去，反而加重赏赐。后来关羽得知刘备消息，还是离开了曹操。曹操手下将领义愤不平，想要追杀关羽，曹操说："彼各为其主，勿追也。"

曹操明知刘备将成为自己最重要的敌人，还任凭关羽投奔劲敌，可见其爱才之深。

盗嫂受金又如何

《短歌行》相当于招纳人才的宣言，真正让贤能之士安心追随，则需要规则和法令。

建安十五年（210），曹操下达第一份《求贤令》，曰：

> 自古受命及中兴之君，曷尝不得贤人君子与之共治天下者乎！及其得贤也，曾不出闾巷，岂幸相遇哉？上之人求取之耳。今天下尚未定，此特求贤之急时也。"孟公绰为赵、魏老则优，不可以为滕、薛大夫。"若必廉士而后可用，则齐桓其何以霸世！今天下得无有被褐怀玉而钓于渭滨者乎？又得无盗嫂受金而未遇无知者乎？二三子其佐我明扬仄陋，唯才是举，吾得而用之。

大意如下：自古以来，开国和中兴的君主，何尝不是依靠贤人君子治理天下！而这些贤能之士，并不是君主们侥幸碰到的，而是专心访求得来的。现在天下未定，正是特别急需贤能的时候。"孟公绰做赵氏、魏氏家臣很优异，却不适合做滕国、薛国的大夫。"如果人才一定要清廉然后才能使用，那么齐桓公怎么能够称霸天下！现在天下难道没有出身低下、怀有真才实学，像姜太公那样等待贤明君主的人吗？难道没有像陈平一样，和嫂子私通、收受贿赂，却得到魏无知赏识的人吗！你们应该发现、举荐地位低下的人才，让我得到使用他们。

这是以汉献帝名义下发的《求贤令》，篇幅短小，但使用了四则典故。

其一，孟公绰的典故。孟公绰是春秋时鲁国大夫，是孔子尊敬的人。他廉静寡欲、短于才智。孔子对弟子们说：孟公绰适合做赵氏、魏氏家臣，但不适合做滕国、薛国的大夫。滕国、薛国都是小国，孟公绰虽然廉洁，但因为才能不足，连小国的大夫也做不了。这个典故启示的道理：为官做事，仅仅有贤德是不行的。

其二，齐桓公使用管仲的典故。管仲年轻时贪财，齐桓公并没有计较这些小节，任用他为卿相，成就了霸业。这个典故启示的道理：不要因为某些缺点而忽视其才华，对能担当大任的人不要过多地去计较。

其三，姜太公垂钓遇周文王的典故。姜太公不得志时，在渭水边垂钓，直到遇到周文王，才一展鸿鹄志，辅佐周室打败殷商，取得天下。这个典故启示的道理：即使在普通百姓之间，依然隐没着许多人才。

其四，陈平盗嫂的典故。陈平经魏无知引荐，投刘邦手下。一些将领到刘邦面前进言，说陈平少时家贫，私通嫂子，收受贿赂。刘邦责备魏无知荐人不当，魏无知说："我推荐陈平，是因为他的计策可以辅佐你，与盗嫂受金有什么关系呢?"刘邦豁然开朗，重用陈平，官至丞相。这个典故启示的道理：在特殊的战乱时期，即使有道德污点的人，如果有才华和计谋，依然可以担当大任。

如果用一句话概括这篇《求贤令》，就是"唯才是举"。

"唯才是举"也是曹操用人的总方针。

汉代察举人才，基本被世家望族所垄断，朝中没有关系，社会上没有名声，很难被察举做官。察举人才，主要注重品行，所以汉代的察举制度，叫举孝廉。孝和廉都是道德要求，才能却不被看重。

到了战争爆发，各路军队抢夺地盘，壮大势力，竞争呈现出你死我活的白热化状态。那些才疏意广，只会坐而论道、高谈清教的人，显然不能给国家带来实际利益。这个时候，亟须打破门第界限，改变唯德是用的用人之道，提携有治军治国之才，能帮助拨乱反正，统一四海，安定天下的人。因此，曹操审时度势，提出"唯才是举"。

建安十九年（214），曹操又发布《取士勿废偏短令》；建安二十二年（217），再发布《举贤勿拘品行令》，同样贯穿着"唯才是举"的基本精神，和《求贤令》合称"求才三令"。

有了法令，还要有人执行。

曹操在丞相府专门设立东曹、西曹作为遴选人才的机构。东曹主管二千石以下政府及军队中官员的任免，西曹主管丞相府内官员的任免。两曹的主管正职称"掾"，副职叫"属"。担任过两曹正副职的有毛玠、崔琰、陈群、蒋济、邵悌等，都是些刚强正直的官员。

曹操"唯才是举"政策，对招揽人才起到不小的作用。桓范、鲍勋、颜斐、苏林、卢毓、王昶、任嘏、朱建平、司马孚、郑冲、郑袤等一大批人才，都是在"求才三令"后主动或者被征召入仕的。

曹操使用人才，也一直坚持"唯才是举""唯才是用"的原则。

郭嘉为人放荡不羁，是个不拘小节的人。他在军营大帐中不守规矩，对曹操也不够尊重，不注意主公和臣下之礼，就像对待老朋友一样随便。陈群检举他，曹操一方面表扬陈群认真负责，一方面对郭嘉仍听之任之。

杨沛曾任新郑县长，曹操奉迎献帝迁都许昌时，粮食不济，杨沛适时献粮，为曹所喜，迁其为长社令。在长社，曹洪的宾客不服征调，杨沛不畏权势，依法诛杀，为曹操称许。后来，他与督军争斗，触犯刑律，被刑罚。当时邺城法纪松弛，社会秩序混乱，曹操想起了杨沛，把他从囚徒直接擢拔为邺令，可谓"唯才是举"的典范。

乐进容貌短小，出身低贱，曹操把他从行伍之间提拔为将军；王观少年孤贫；吴质出身寒门，不为乡里所容；王象，为仆隶，牧羊时因为读书被主人杖打。这些人，不是世家大族，在曹操这里，都找到了用武之地。

程昱性格暴躁，爱和人顶撞；蒋济嗜酒，还有受贿嫌疑；杜畿傲慢；

陈矫和同族人结婚。这些人都饱受非议，但在曹操手下，都成为不同凡响的治国之才。

当然，曹操用人也并非完全不讲品德，道德高尚的人，他都奉为表率。崔琰、陈群、毛玠这些人正派儒雅，敢于直言，廉洁奉公，曹操很敬重他们。袁谭被杀时，部属王修恳请为其收尸，刘琮投降，部属文聘感到上有负于弱主，下有愧于故君，因此流涕，对于这些忠诚于旧主的人，曹操也很欣赏。

但是，一旦面对大节有亏的人，曹操会果断弃之不用。

曹操破吕布时，陈群也在吕布军中，归顺曹操。当时有人推荐乐安人王模、下邳人周逵，曹操召用了他们。陈群听到后，极力劝阻曹操不要使用他们，理由就是二人德秽行劣，最终必然坏事。曹操不听。结果二人果然犯事受诛。曹操非常后悔，亲自向陈群承认错失。

郭图是袁绍、袁谭的重要谋士，但曲辞诌媚，拉帮结派，打击异己，离间袁氏兄弟。像这样德行严重秽污的，曹操俘获后，毫不犹豫地杀掉了。

在曹操的观念中，最大的"德"，是忠诚。不为己用、祸乱朝政的人，必须清除。

权威不容挑衅

曹操的理想是人尽其用，但如果不能如愿，有时也会毫不犹豫地举起手中的屠刀。

许攸年轻时跟曹操、袁绍都是好朋友，在官渡之战中反叛袁绍，投奔曹操，为曹操提供机密情报，并出谋划策，立了大功。

许攸自恃有功，又是曹操少年好友，在军中狂傲不羁，肆无忌惮。他对曹操也轻慢无礼，常常不分场合，直呼曹操的小名"阿瞒"，弄得曹操很尴尬。建安九年（204），曹操攻破邺城，许攸出邺城东门，看见曹操在城墙上巡视，高声叫道："阿瞒，没有我，你进不得此门。"

曹操身边人义愤不平，纷纷要求对许攸治罪。曹操顺水推舟，将许攸收押处斩。

孔融（153—208），字文举。鲁国（今山东曲阜）人。孔融是孔子十九世孙，少有奇才，勤奋好学，而且是道德楷模。四岁时，与兄弟们一起吃梨，孔融率先拿了个小梨，大人问他怎么不拿大梨，孔融说："我年龄小，按规矩应该拿小的。"这就是流传两千年的"孔融让梨"的故事。

孔融名气大，脾气也大。何进征辟孔融为侍御史，孔融跟上级相处不来，挂靴而去。后来又被征用为虎贲中郎将、北海相。任北海相期间，与袁绍不睦，北海被袁谭吞并，孔融出逃。

献帝迁许后，诏其为将作大匠，不久官升一级，为少府。少府和将作大匠都是管建筑、制造的官，少府还是"九卿"之一，仅次于"三公"，秩二千石。

孔融一向瞧不起曹操，常常影射或者公开侮辱他。曹操进入邺城后，曹丕娶了袁熙的妻子甄氏。孔融对曹操说："武王伐纣，把妲己赏赐给了周公。"曹操意会不过来，问孔融有什么典故，孔融说："按现在的事情推测，应该是这样吧。"周公是周武王的弟弟，妲己是殷纣王的妃子，周武王灭商后，并没有把妲己赏赐给周公，孔融显然是在讽刺曹操：周武王干不出这样的事情，你曹操却好意思把敌人的媳妇赏给儿子。

曹操北伐乌桓，孔融讽刺说："从前肃慎不进贡楛矢，丁零偷盗苏武的牛羊，可以一并讨伐啊！"肃慎和丁零都是北方的少数民族。周武王时，肃慎人入贡"楛矢石砮"，就是用楛木做杆、石头做尖的箭。苏武是汉武帝大臣，出使匈奴，被扣留，发放到丁零族人居住的北海地区（今贝加尔湖）牧羊。孔融的意思是说，从前肃慎曾经不向朝廷纳贡，丁零人偷了苏武的羊，丞相你可以把这些陈谷子烂芝麻的账都算算，一并讨伐他们。以此讽刺曹操穷兵黩武。

孔融这样尖酸刻薄，令曹操非常不舒服。但孔融是名士，曹操不愿得罪天下名士，对这样的事只能不了了之。

御史大夫郗虑揣摩曹操心思，以蔑视国法为由奏请免除了孔融职务。孔融不但没有吸取教训，反而整天在家宴请宾客，议论朝政，自诩"座上客常满，樽中酒不空"。为了节省粮食，曹操上表请求禁酒，孔融给曹操写信，说："天上有酒星，地上有酒泉，人间有酒德，怎么可以禁酒？夏桀、殷纣因女人亡国，是不是也要禁女人呀？"

曹操每出台一项政策，都会得到孔融的反对、挖苦。曹操感到放任孔融口无遮拦，对安定局势、稳固统治不利。这时，一位叫路粹的大臣揭发孔融"招合徒众""欲图不轨""谤讪朝廷""不遵朝仪"等，曹操于是下令将孔融收监、处死、弃市。最具讽刺意味的是，孔氏一向讲"孝"，而曹操处死孔融的罪名恰恰是"不孝"。原来，孔融曾经说过一些非常出格的话，比如孔融认为母亲和儿子不应该存在什么感情，"就像一件东西寄放在瓦罐里，倒出来后双方就没有关系了"。曹操以"不孝"治孔融罪，让为他惋惜的人哑口无言。

孔融曾经有位好朋友，叫祢衡，字正平，平原郡（今山东临邑）人。据说祢衡很有才华，目所一见，辄诵之口，耳所暂闻，不忘于心。他对文学和音乐，尤其擅长。汉末乃至魏晋名士，一般都在文学和音乐上下功夫。譬如嵇康，在刑场上从容弹奏《广陵散》，他死后《广陵散》失传。

祢衡和孔融有一样的毛病，就是恃才傲物。祢衡不但傲，而且狂，对谁都看不上，对谁都敢骂。他评价荀彧和荡寇将军赵融："荀文若长着哭丧脸，可以借他的脸去吊丧，赵稚长可以让他管理厨房膳食。"稚长是赵融的字。有人劝他结交陈群、司马朗，他说："我怎么能和杀猪卖肉的人交往！"

能入祢衡法眼的人，只有孔融和杨修。

孔融和祢衡彼此欣赏，他多次向曹操推荐祢衡。曹操召见祢衡，但祢衡却看不起曹操，对曹操多有狂言。

祢衡既想当官，又不屑与曹操为伍，这就是个死结，无解。

这样猖狂的人并不多见。曹操想羞辱祢衡一番。这天，曹操要举行宴会，宴会中要演奏音乐。曹操说，祢衡音乐水平高，让他在宴会中击鼓吧。击鼓的人，称鼓吏，是下人干的活。祢衡是名士，脸面比性命更重，曹操这样安排，就是要让他下不来台。没想到，祢衡还真的答应了下来。

宴会前，鼓吏们要先从宾客面前经过，接受宾客的检阅，检阅前要脱掉原来的衣服，换上鼓吏的职业服装。祢衡上场时，还穿着原来的衣服。曹操左右的小吏们吆喝："你这个鼓吏为什么不脱衣！"祢衡说："好！"于是脱掉身上所有的衣服，赤裸裸地站在曹操面前。然后才慢慢取来鼓吏的职业服装穿上，脸上竟没有一点尴尬和羞愧。

曹操自我解嘲："本来我打算羞辱正平，没想到反而被他羞辱了。"

孔融觉得祢衡太过分了，对祢衡进行了一番批评教育，让他向曹操道歉。曹操听说祢衡来谢罪，大喜，特地端坐在厅堂上等候。没想到，祢衡穿着很简单随意的衣服，拿了根三尺大杖，坐在曹操大营门口，用大杖敲打着地面，对曹操破口大骂。

曹操对孔融说："我杀死祢衡，像杀死一只麻雀、一只老鼠一样。但我不愿背负着杀害名士的名声。"当时诸侯中，刘表也属于名士之列，曹操就把祢衡送给了刘表。

祢衡到了刘表处，禀性难改，刘表也无法容忍，就把他转送给江夏太守黄祖。

黄祖性情急躁，但对祢衡很好。两人平安相处一段时间，祢衡的老毛病又犯了，当着众多宾客的面，谩骂黄祖。黄祖一怒之下，杀了祢衡。祢衡死时，年仅二十六岁。

曹操虽然没有亲手杀祢衡，但不能容忍祢衡，最终导致了他的死亡。

许攸、孔融、祢衡，有个共同特点，就是恃功自傲或者恃才自傲，口无遮拦，损害了曹操的形象。

可见，曹操礼贤下士，但不允许这些人挑战自己的权威。

许攸、孔融、祢衡是名士，也是政治人物，这些人被杀，固然可惜，于社会却并没有太多损失。但赤壁之战前后，曹操杀死华佗，却是中华医学的一大损失。

华佗，字元化，和曹操是老乡，都是沛国谯县人。华佗治病，诊断准确，方法简洁，疗效迅速，被誉为"神医"。

曹操有头风病的病根子，时常头痛。华佗为他诊断，说："这病一时半刻难以治好。"曹操就把华佗留在身边，随时待命。华佗不愿只为一个人医疗，就以妻子有病为由，请假回家。后来曹操多次召唤，华佗都找借口拖延。曹操感到华佗在搪塞他，一查证，果然如此，于是下令将华佗投入大牢。

荀彧向曹操求情："华佗医术高明，关系着人的生死，应该从轻处理。"曹操不肯，说："这样的方技，天下多着呢。"最后把华佗在狱中拷问致死。

华佗临死前，拿出一本医书，对狱卒说："这书可以救人性命。"但狱卒不敢要。华佗也不强求，一把火把医书烧了。

华佗最富有创造性的贡献是发明了麻沸散，用麻沸散可以让患者全身没有知觉，进而为病人实施手术。

中医和西医不同，中医是建立在"大数据"基础上的，靠的是经验积累；西医是建立在解剖学基础上的，如果华佗医术可以保存下来，中医可能会有更大的发展。

有时，一个人，就是一门科学。从这个意义上说，曹操罪莫大焉。

第十章

笑傲关中

明目张胆地假道伐虢之计

　　曹操南下受挫，对孙权、刘备联军采取守势，将用兵的方向转向西部。

　　建安元年（196），曹操为保证后方安定，一心对付东方劲敌，在弘农华阴县东修筑潼关，同时废弃传统的交通要塞函谷关。至此，潼关以东，为中原，称关东或者关外；潼关与陇山（今称六盘山）之间广袤的平原地区，称关中；陇山以西，为陇西或陇右；关中和陇右合称关西。

　　关西原有大小武装势力数十个，马腾、韩遂最强。后曹操以朝廷名义派钟繇到关中督军，关中名义上归顺朝廷，其实仍一盘散沙。马腾、韩遂原来盘踞陇西，协助曹操抵御郭援、高干时，势力达到关中，直抵潼关。

　　建安十三年（208），马腾一来与韩遂不和，二来感到自己已老，受征召到朝廷为官，被任命为九卿之一的卫尉，统率士兵负责宫禁守卫。马腾的西凉军则交由儿子马超统领。朝廷封马超为偏将军、都亭侯。

　　马超，字孟起，扶风郡茂陵（今陕西兴平）人。马超的先祖为后汉开国功臣、伏波将军马援。到马超祖父时已经贫困，只好娶羌女为妻，生下马腾。马腾从军，后叛乱自立，成为凉州一方割据势力。

　　曹操收服冀州之时，袁尚派部将郭援，联合高干以及南匈奴袭击河东、关中。此时关中空虚，司隶校尉钟繇说服马腾协防。马腾派马超率精兵一万，连同韩遂的部分军队，到关中助战。朝廷封马超为司隶校尉督军从事。马超在汾河截杀郭援部队，勇冠三军。他的脚部中箭受伤，用布随便裹住伤口，继续上马作战，终于击败敌军，郭援被马超部将庞德斩杀。马超一战成名，被称为"虎臣罴士"。朝廷封他为徐州刺史，马超没有就任，于是改封谏议大夫。

韩遂，字文约，凉州金城郡（今甘肃永靖西北）人，原为凉州从事，后被叛军劫为人质，强迫入伙。随着叛军势力的增大，朝廷派司空张温、破虏将军董卓、荡寇将军周慎前去镇压，并没有战胜韩遂军队。韩遂盛时，人马达到十万多。

汉献帝初平年间，韩遂和马腾投靠董卓、李傕，韩遂被封为镇西将军，马腾被封为征西将军。兴平元年（194），马腾因为私事求助于李傕，没有得到满足，大怒，与李傕大打出手。韩遂带兵前来调和，结果与马腾甚为投缘，结为异性兄弟，共同对付李傕。不过，二人战败，逃回凉州。后李傕赦免了二人，改封马腾为安狄将军，韩遂为安羌将军。

时势变幻，在军阀混战中，韩遂与马腾两军之间产生矛盾，逐渐由兄弟变为仇敌。韩遂甚至杀掉马腾的妻儿。直到钟繇督关中，二人才逐渐平息争斗，并各送一个儿子到许都做人质。

马超在汾河打败郭援、高干，朝廷又改封马腾为征南将军，韩遂为征西将军。

赤壁之战后，周瑜向孙权建议：由周瑜和孙权的堂兄弟孙瑜统兵西向，攻取益州，吞并汉中。然后孙瑜驻守益州，周瑜回军从荆州出兵，联合马超从关中东征，夹击曹操。这样，天下可定。可惜不久周瑜病死，计划未及实施。

马超、韩遂等关中诸将，就像一桶火药，随时可能会被引爆。

曹操下决心清除掉这桶火药。

关西诸将名义上已归顺朝廷，并且多次按朝廷指令平定叛乱，派兵征伐师出无名。曹操需要找一个借口。

恰在这时，督军关中的钟繇因为手中无兵，协调各将领非常吃力，向曹操请求派三千兵入关，名义上讨伐汉中张鲁，实际上胁迫各路将领，增强对他们的控制。

钟繇的建议给曹操以启发。

建安十六年（211）三月，曹操命令司隶校尉钟繇讨伐张鲁，派征西护军夏侯渊带兵出河东，与钟繇在关中会师。

消息传开，曹操集团内部一片反对之声。治书侍御史卫觊，本来被曹操派去出使益州，因道路中断无法通行而留在关中，他通过荀彧转达了自己的意见："关西诸侯都胸无大志，只是在自己的地盘上苟且取乐而已，只要厚待他们，他们不会造反。现在发兵进入关中，讨伐张鲁的道路又不通，诸将必然以为是针对他们。这里地势险要，人多势众，如果他们反叛，将很难制服。"仓曹属高柔也谏阻说："现在发兵，韩遂、马超必然煽动关中诸将反叛。应该先安抚三辅，三辅地区安定了，汉中不战可平。"秦汉在关中设立京兆、左冯翊、右扶风三个行政单位，拱卫长安，称为三辅。

这些人只看到了表象，没有看到曹操的内心，殊不知，曹操要的就是关中诸将反叛的效果，这样就可以师出有名了。

这是三十六计中的假道伐虢之计，不过，当时还没有三十六计这种说法。曹操手不释卷，行军打仗携带的是《孙子兵法》，他还趁战争间隙为《孙子兵法》作注，留下了宝贵的军事作战理论。

果然，关中诸将听到假道进攻张鲁的消息，大为惶恐。本来他们对朝廷就是虚与委蛇，以保有自己的地盘为目的，现在大军过境，有随时被吃掉的危险，内心自然不安，于是纷纷反叛。马超是反叛最坚决的。他对韩遂说："我的父亲在朝中做人质，您的儿子也在朝中做人质。今后，您就是我的父亲，也希望您把我作为您的儿子。"他的意思是说，宁愿牺牲在邺城的人质，也不向曹操妥协。尽管马超势力最大，但韩遂是长辈，他煽动诸将以韩遂为都督，协调关中各路军队。

韩遂的部将阎行，劝韩遂投靠曹操，不要受马超蛊惑。韩遂说："诸将不谋而合，这大概是天意吧。"拒绝了阎行的建议。

马超、韩遂联合关中诸将侯选、程银、杨秋、李堪、张横、梁兴、成宜、马玩等十余部，合称"关中十将"，集中人马十余万，扼守潼关，誓要将曹操拒于关外。

人生总有狼狈时

　　潼关位于黄河"几"字右下的转弯处，南面是巍巍秦岭，山高壁峭，谷深崖绝，北面黄河、北洛水、渭河在此汇流，河宽水急，浊浪滔滔，中间只有一条羊肠小道，往来只容一车一马。在这里，真正是一夫当关、万夫莫开。

　　曹操逼反关中诸将，马超、韩遂等率十万人扼守潼关，不让曹操大军入关。曹操暗自高兴，他征安西将军曹仁从襄樊提兵北上，在潼关和马超等对峙。行前，曹操向曹仁下令："关西军强悍，只要坚守，不要和敌人对战。"

　　七月，曹操留曹丕守邺城，程昱协助，自己以五十七岁高龄，亲率大军进发潼关，打响了收复关中的战役。

　　关中诸军中羌人、汉人和其他少数民族混杂，战斗力十分强悍。很多将士提醒曹操："关西军善用长矛，作风彪悍，我们应扬长避短。"曹操笑道："放心吧，作战的主动权掌握在我们手里，我们可以不让他们的长矛发挥作用。"

　　八月，曹操大军至潼关，安营扎寨，和马超等夹关相对，摆出从潼关进入关中的架势。

　　大军从中原进入关中，有三条路可走。中路，攻破潼关而入，最近，最直接；北路，先渡过黄河到北岸，再从河东渡河到西岸，从渭水之北冲击关中；南路，从宛城向西北，穿越秦岭迂回进入。

曹操将大军驻扎在中路，关中诸将也不断带兵增援潼关。曹操非常高兴，告诉手下说："如果关中各个势力盘踞在本部，我们要消灭他们，战线拉得很长，一两年内不一定能够平定。敌人集中在潼关，我们可以一举歼灭，比各个击破省事多了。"

潼关防守力量很强，曹操知道从潼关突破会非常艰难，他在考虑能不能从北路进攻。

当时徐晃正驻扎在河东，曹操把他招来，向他问计。徐晃说："关中军所有兵力集中在潼关，没有在河西区域设防，可见敌人是没有谋略的。现在是从河东进军的好机会。"曹操大喜，暗中派徐晃、朱灵率步骑五千，从浦阪津（今山西永济西）这个地方渡河，作为先导部队，等待接应大部队。

其实，马超曾经向韩遂建议，用一支精兵守卫在渭河北岸，防止曹军从北路渡河，不到二十天，河东军粮草用尽，就会自行退兵。但韩遂不听，他认为，等曹军渡河到一半的时候出击，可大获全胜。没有想到，曹操只是派先导部队暗中渡河，大部队仍在中路，威慑潼关。等到关中军发现徐晃渡河，赶忙派梁兴率五千轻骑赶去截击，结果被徐晃击败。徐晃在河西安营扎寨，建立了据点。

彼时，曹操还在黄河南岸。听到徐晃进展顺利，立刻带领大部队北渡。曹操让大军先渡河，亲自断后。马超在关上看得清楚，立刻出关袭击。这时，曹操身旁只有百余人，马超军声势浩大，箭如雨下，而曹操安坐在一种叫胡床的椅子上不起身。曹操的贴身侍卫许褚、大将张郃，见情势危急，把曹操抬上船，不想船夫却被乱箭射死。许褚左手举着马鞍当作盾牌，为曹操挡箭，右手拿起船桨，亲自划船，身体受伤也不敢退缩放弃。即使这样，马超军队骑马沿着河岸穷追不舍，无数支箭射向曹操的小船，小船上人员伤亡十之五六，情况十分危急，曹操、许褚等人也十分狼狈。在这关键时刻，曹军校尉丁斐把军队里的牛马都放出，一来冲击敌军，二来引诱敌军来抢。关中军长期条件艰苦，装备不足，加上联军指挥协调不力，将士果然放弃追剿，一哄而上去抢夺牛马。这样，曹操才成功渡河。

众人担心曹操安危，及至上岸，见曹操安然无恙，都松了口气，齐声向曹操道贺。曹操笑道："没想到今天差一点被小儿困住。"

曹操起兵以来，只有四次险些丧命，一次是关东军讨伐董卓时的汴水之战，幸得曹洪让出战马，才得以逃脱；一次是在兖州时，曹操进攻吕布盘踞的濮阳城，战斗不利，被吕布士兵捉住，只不过吕布当时不认识曹操，错误地将他放了；一次是宛城之变，在典韦拼死断后，长子曹昂掩护牺牲的情况下，才捡回一条性命；这第四次，就是这次潼关之战，好在有惊无险。

曹操和徐晃会合，了解到马超曾经向韩遂建议派兵在河西阻击，说："马超小儿如果不死，我恐怕连葬身之地都没有。"

占据了河西，曹操有步骤地向南推进，压迫马超大军。他砍伐树木在河上做甬道，运输粮食、辎重。马超固守潼关已经失去意义，只好退居渭河南岸。

如何渡过渭河，突破渭河防线，对曹操是又一考验。

曹操用的方法，与西渡黄河如出一辙。

渭河很长，任何一个渡口都可以渡河。曹操先在渭河北岸设疑兵，吸引马超的注意力。晚上从黄河逆水向西，进入渭河，连夜用船搭起浮桥，派先导部队从浮桥渡过渭河，到达渭河南岸，搭建营寨。

曹军顺利渡河，但搭建营寨却遇到麻烦，主要原因是这里土地沙化，不适合做建筑材料，马超又不时骚扰突袭，营寨一时难以搭建。然而天助人愿，当时正值闰八月，天气却突然转冷，地上的土、沙凝结，用来建筑营寨比较牢固。曹军抓住机会，只用一个晚上时间就完成了营寨的搭建。

九月，曹操大军全部渡过渭水，进入渭南。

马超知道直面对垒，肯定不是对手，但困兽犹斗，于是便每日到曹操营寨前挑战，曹操却坚守不战。时间越长，马超越内心忐忑，方寸大乱。

打的是心理战

　　马超明知不敌，却又求战心切，是因为粮草遇到了问题。原来，曹操三月令钟繇、夏侯渊讨伐张鲁，关中十万大军就开始往潼关集结。春去秋来，在潼关待了大半年，当年的农业生产也没有顾上。没有新粮补充，关中诸军快坚持不下去了。

　　马超和关中诸将商量，既然曹操已经渡过渭河，进入关中，大军势难阻挡，求和才是上策。于是派使者到曹营，表示愿意把河西土地送与曹操，并送儿子到朝廷做人质。曹操的目的是消灭割据势力，自然不同意。这时，谋士贾诩献计曹操，劝曹操假装同意求和。曹操问下一步该怎么办，贾诩说了四个字："离之而已。"离，就是离间。

　　曹操明白贾诩的意思，答应可以商谈。

　　双方的谈判不在营寨，而在阵前。这季节，寒风已起，天气清冷，曹操、马超、韩遂各立阵前。曹操和韩遂的父亲同一年举孝廉，两人曾有交情，加上韩遂是关中各部都督，就由曹操和韩遂拍马走到两军中间，交谈求和事宜。曹操跟韩遂交谈得很亲热，连两人的马都交颈摩擦，像老朋友一样。但是，曹操只和韩遂谈京城旧事，叙往日友情，绝口不谈战和之事。二人从早上到中午，十分欢洽，正事却毫无进展。二人商议隔日再谈。

　　韩遂回来后，马超问："你们二人谈了什么？"韩遂想想，两人谈的都是私人情谊，并没有涉及战和的，只好对马超说："没有谈什么。"这样一来，马超和关中诸将对韩遂产生了怀疑，担心他们搞私下交易。

隔了一日，双方再次于阵前会谈。这一次，曹操听从手下人建议，在马超军队一侧摆放一种用木头做的叫作"木行马"的障碍物，以防止突然袭击。在韩遂军队一侧，却没有做任何防范。

韩遂、马超，以及韩遂的部将阎行上前同曹操会话。曹操对韩遂依然十分亲热，对阎行说："不要忘了做个孝子呀。"因为阎行的父亲也在朝廷，曹操话的意思是希望阎行不要和朝廷军队对抗。唯独对马超，不冷不热，爱理不理。

马超心中恼怒，想趁其不备，突然冲上前捉住曹操。但见曹操身后一名大汉，虎背熊腰，容貌雄毅，想来可能是曹操的侍卫许褚。许褚有"虎痴"的雅号，马超就大声问曹操："公的虎侯在哪里？"曹操手指许褚，许褚怒睁圆目，马超知道难以得手，于是打消了这种想法。

双方会谈的时候，曹军五千铁骑在后面列十重阵，精光耀日，关中联军从来没有见过这样纪律严明、军容整齐的军队，十分恐惧。而一些士兵对曹操感兴趣，拥挤着往前凑，想看看威名远播的曹操长什么样子。曹操笑着对大家说："你们都在看曹某吗？他跟你们一样，也是一个普通人，并没有长四只眼睛、两张嘴巴，只是多了一些智谋罢了。"联军的将士又感到曹操很亲切。

过了几天，曹操给关中联军写了一封信，交付韩遂转达。信中闪烁其词，又在多个地方进行涂改。马超等看到书信，怀疑是韩遂涂改的，试图在遮掩什么，于是对韩遂的疑心更深了。

关中联军相互猜疑，军心不稳，士气低落，凝聚力和战斗力更差了。

看火候差不多了，曹操跟关中军约战。关中军正迫不及待地想早日结束对峙，于是双方约定了时间地点，一决高低。

这次会战，曹操依然开动脑子，做到扬长避短，以避免直接硬碰硬作战。

曹操先以轻兵挑战，马超率联军全力迎敌。双方交战一段时间，曹操的轻兵渐渐支撑不住，联军也斗志稍懈。曹操这时指挥精锐的虎豹骑突然从两翼冲出，夹击联军。联军大乱，"关中十将"中成宜、李堪战死，马超、韩遂、梁兴等逃往凉州，杨秋奔走安定（今甘肃镇原），程银、侯选等向南进入汉中，投靠张鲁，张横、马玩则下落不明。至此，曹军取得决定性胜利。这次历经大半年的战役，史称"渭南之战"，又称"潼关之战"。

十月，曹操又自长安北征杨秋，杨秋投降，关中各郡全部掌控在朝廷手中。

渭南之战，曹操自始至终坚持扬长避短不让凉州军的长矛发挥作用，从奇兵率先占据河西，到连夜做浮桥渡过渭水，再到心理战、离间计，直至最后决战，先用轻兵拖累敌军，然后虎豹骑致命一击，每个环节都精心设计，处处占据战场上的主动，算得上曹操用兵的经典之作。

关中既定，曹操留夏侯渊屯兵长安，作为"西方战区"的总司令。派张既为京兆尹，巩固对关中的统治。

张既，冯翊高陵（今陕西西安高陵区）人。河东之战时，张既授命劝说马腾与钟繇合击高干、郭援，后曹操任命张既为议郎，担任钟繇的参军事，在高干二次反叛时，又征召马腾等关中诸将清除了高干的外围势力。可以说，张既一直作为钟繇的得力助手，深耕关中，京兆尹对于张既来说，几乎是量身定设。

关中安排妥当，曹操本打算继续西征凉州。不料河间（今河北献县）发生民变，波及了整个幽州、冀州，直接威胁到邺城。曹操不放心，只得打道回府。走到半路，传来消息，曹丕已经将民变镇压下去了。

回到邺城，曹操感到马超、韩遂已经如秋后蚂蚱，难以构成威胁，于是杀掉马腾，以及跟随马腾在邺城的两个儿子，同时杀掉韩遂送来做人质的儿子。因为阎行曾劝阻韩遂，所以没有处死阎行的父母。

小人物的舞台　野百合也有春天

曹操匆匆回邺城，马超在凉州有了喘息机会，得以重整旗鼓。

马超一日未除，曹操一日不安。

曹操退兵的时候，凉州的使者杨阜恰好在曹操的队伍里，他试图留住曹操，劝曹操说："马超有韩信、英布那样的勇略，羌人、氐人又很拥戴他，他在整个凉州影响力都非常大。如果我们的大军归还，恐怕陇右各个郡县，都不再归属于国家了。"

杨阜，字义山，天水冀县（今甘肃甘谷东南）人，一直在凉州为官，当时任凉州参谋军务，相当于刺史的谋士，是个级别比较低的官吏。曹操不因位卑而废言，他觉得杨阜说得有道理，但河间战事迫在眉睫，不得不撤兵退去。

曹操把夏侯渊留在了长安，但夏侯渊经营关中有余，染指陇右却力不从心。

就在这样的势力真空中，小人物有了展示自己的机会，他们浓墨重彩，光耀一时。

这个舞台最出众的戏者，就是杨阜。

马超退守凉州仅仅数月，就兼并了附近多个郡县，包括陇西、南安、汉阳、永阳等，然后开始攻打凉州治所冀城。担心唇亡齿寒的张鲁，也派遣大将杨昂支援马超,马超队伍达到万人。

翼城的守城主帅是凉州刺史韦康。韦康,京兆(今陕西西安)人。孔融曾赞誉他"雅度弘毅,伟世之器",杨彪夸赞他是"千里之驹"。荀彧把他推荐给曹操,担任太仆。韦康的父亲韦端任凉州刺史,曹操让韦康接替父亲,凉州民众很爱戴他。

一方面,韦康和杨阜等率领官员和宗族子弟中能打仗的人,在城墙上修筑偃月营,与马超苦战。偃月营是一种半月形的防守阵地,适宜于作重点防守。另一方面,韦康派阎温出城向夏侯渊求救。因为马超防守严密,阎温只好在夜间偷偷潜水出城。尽管如此,马超还是在第二天发现了他的踪迹,派人追踪。追了很远,阎温还是没有能够逃脱,被马超抓了回来。

马超也认识到人才的重要性,试图借阎温说服城内投降。他亲自给阎温松绑,向阎温晓之以利:"现在胜负已明,你应该跟我们站在一起,告诉城里守兵,说夏侯渊不会前来救援,这样你才能转危为安。"接着又恐吓阎温:"如果不配合,现在就把你杀掉。"阎温假装答应,当马超押着他来到翼城城下时,他朝城内大喊:"夏侯将军的救兵不出三天就会赶到,大家一定要坚持呀!"马超大怒:"难道你不怕死吗?"阎温不予理睬。城上的人知道阎温凶多吉少,都默默地为他流泪。

马超还想再争取一下阎温,问他:"城里的将士,哪位可能跟我们合作?"阎温大义凛然地说:"事君之道,唯求一死,你想让我做出不义之事,说出不义的话,我难道是贪生怕死苟且偷生的小人吗!"马超见他态度坚决,就杀了他。

一个小人物,闪烁出忠义的光芒,这就是阎温。

翼城迟迟等不到救兵,城内渐渐支撑不住了。韦康和众人商议,打算开城投降。杨阜流着泪苦苦劝道:"战国时,乐毅率五国联军攻打齐国,齐国只剩下即墨这座城。田单率族人和全城军民抵抗,整整坚守了五年,终于取得了胜利。现在,我率父兄子弟以节义相鼓励,死守不降,城池像即墨一样坚固!如果开城投降,相当于放弃马上就要建立起的功名,蒙上不义的罪名，希望大人认真考虑。"说完，竟号啕大哭。然而，杨阜的忠义并没有感动韦康和城里的其他官员，他们最终还是派人求降，迎接马超进了翼城。

马超的胜利具有战略意义。攻占翼城，标志着控制了整个陇上地区，重新对曹操形成割据。在渭南之败后依然能达到这样的高度，也算了不起的成就。

就在韦康开城投降的时候，夏侯渊接到曹操的命令，前来救援翼城。这是一场迟到的救援，也是一场毫无意义的征战。夏侯渊部队离翼城尚有二百多里，被马超迎头痛击，兵败退回长安。

随后，氐族两个首领百顷氐王杨千万和兴国氐王阿贵，也起兵响应马超。

马超以翼城为根据地，自称征西将军，领并州牧，督凉州军事。朝廷的关中大军则龟缩长安，毫无建树。

这是渭南之战后，马超又一个高光时刻。

但接下来，小人物们击碎了马超的割据梦。

局势稍有稳定，马超杀死了凉州刺史韦康，以及当地的太守，却留下了坚决抵抗的杨阜。这无疑是个致命的错误。韦康在凉州有很高的声望，受民众爱戴，杀死韦康，凉州心寒。

也许正是因为韦康声望太高，马超心虚，才执意杀死韦康的。但韦康是降将，杀死降将等于违反投降时的约定，于理不该。投降的被杀死，以后谁还会主动投降呢？

看看曹操碰到这样的问题是怎样处理的。刘表的儿子刘琮，曹操从骨子里看不起他，但在剥夺了其实际权力后，依然封官封侯，向世人展示他宽厚的一面。

杀死韦康是一错，不杀杨阜是又一错。

杨阜是曹操的死忠，马超看中的也许是杨阜的忠心，但忠心不能为自己所用，早晚是祸害。

再看看曹操是怎么做的。对陈宫、沮授这些谋士，曹操爱惜他们的才干，但他们既然拒绝投降，一样要忍痛杀掉。

杨阜逃过一劫，却没有丝毫归附之心，他一直在寻找机会，寻找反击的机会。马超割据陇上一年多后，杨阜串通了韦康的旧部下姜叙、姜隐、赵昂、尹奉、姚琼、孔信、李俊、王灵等人，密谋推翻马超。

叛乱的实施是分步骤进行的。首先，杨阜以妻子病丧为由，向马超请假。马超对杨阜完全没有警觉性，竟然允许他离开了冀城。杨阜来到姜叙驻守的历城（今甘肃礼县东），然后和冀城里潜伏的旧将约定在建安十八年（213）九月起兵。

九月，杨阜、姜叙打出反叛马超的大旗，率兵进驻西县（今甘肃天水西南）。马超得知消息，没有多想，亲自率军出击。战斗尚未打响，冀城的赵衢、梁宽便发动兵变，杀死马超的妻子儿女，关闭冀城，对马超来了个釜底抽薪。

马超进退不得，只好攻打空虚的历城，杀死姜叙的母亲，而后带着堂弟马岱和部将庞德，跑到汉中投奔了张鲁。

战后，杨阜等十一人因为反叛马超有功，悉数封侯。小小的花朵找到了适宜的土壤，野百合也有春天。

次年，马超从张鲁处借兵千人，试图夺回凉州，夏侯渊及时进行阻击，马超见寡众悬殊，只得作罢。

不久，韩遂也被部下杀死，将首级献于曹操。

至此，曹操完全清除了关西各部割据势力，恢复了东汉时西北的国土疆域。

早在兴平元年（194），献帝把凉州东部一些郡划出来，设立雍州，天下由十三个州增加为十四个州。平定西凉后，曹操把凉州和关中三辅地区并入雍州，张既由京兆尹擢拔为雍州刺史，治所设在长安。

第十一章

人生长恨水长东

退十万兵，全赖一人之力

赤壁之战后，曹操把主要精力转移到向西平定关中、陇右，但长江沿岸与孙权的摩擦却始终没有停止过。向西用兵的间隙，双方你来我往，虽然无功，但也劳师动众。

合肥向南是东吴的庐江，向东是东吴的秣陵，肩负着从东、南两个方向抗击东吴的军事重任，素有"淮右襟喉"一说，位置十分重要。曹操早就看到合肥的战略价值，令扬州刺史刘馥苦心经营。刘馥筑高城垒，囤积木料、石料，以草和棕榈叶编织数千万张草苫，储存数千斛鱼膏，积极做好防御准备。合肥不但经济繁荣，而且城防坚固。

建安十三年（208），赤壁之战前夕，刘馥去世，扬州还未来得及任命刺史，别驾蒋济暂时主持事务，治所寿春。

十二月，赤壁的硝烟未尽，孙权即率领之前调集支援赤壁的十万大军，从柴桑向北攻打合肥。

这时，刘馥的战略储备派上了用场。合肥虽然只有少量将士，面对孙权十万大军，他们坚守不出，顽强抵御，城池一百多天没有被攻破。然而天公不作美，竟连降大雨一月有余，城墙在雨水中浸泡，随时有崩塌的危险。

合肥势危，需要救援。但赤壁损失了不少兵力，曹操还未从荆州抽身，

189

东吴张昭也在攻打当涂（今属安徽），其他兵力各守要津，曹操一时竟派不出援军。无奈，只好遥令许都的将领张喜率一千骑兵火速前往救援，并要求路过汝南时，把汝南驻军也带上。不料，汝南大疫，士兵大多染病，不但未能带更多兵力，反而耽搁了不少行程。

扬州别驾蒋济，字子通，探知张喜的消息，深感忧郁。但他很快想出一个办法，对外谎称张喜带四万兵士，已经到了雩娄（今安徽霍邱县西），离合肥只有三百里路。他一方面煞有介事地派扬州主簿前去迎接，另一方面伪造张喜书信，派三路使者携带，偷偷从外面潜入合肥城。三路使者，有一个成功潜入，把消息送达合肥守将，守将信心大增，士气大受鼓舞。另外两人，故意被孙军捉住。孙权读了伪造的书信，信以为真，以为曹操援军真的快要到了，合肥又一时难以攻破，就烧掉自家营寨，退兵返回了江东。

除了守城将士，几乎凭蒋济一人之力，吓退孙权十万雄师，保全了合肥。

曹操离开荆州后，没有回许都，也没有回邺城，而是直接去了老家谯县，打算亲自坐镇督导合肥战役。得知孙权已经退兵，非常高兴，把蒋济找来，除了嘉奖他退敌之功，还向他征求意见，打算把淮南的百姓迁徙到中原和淮北一带，以免遭受战乱之苦，或者落入东吴之手。

蒋济回答说："自从击败袁绍后，我们拥有北方广袤的土地，威震天下，四海臣服，人民安居乐业，没有其他念头。百姓留恋旧土，不愿意迁徙到异乡，如果强行这样做，他们恐怕会内心不安。"

但是，曹操没有听从蒋济的意见，还是强制迁移江淮民众，结果有十多万百姓受到惊吓，反而跑到孙权那边去了。

后来发生皖县之战，曹军败北，与缺少民众支持也有关系。

等曹操意识到迁徙政策的错误，专门把蒋济召到邺城，自嘲说："本来让百姓避乱，结果把他们全赶跑了。"算是含蓄地向蒋济承认了错误。

建安十四年（209）七月，曹操大军开进合肥，对即将坍塌的城墙进行加固。同时采取措施，稳定合肥局势，把合肥筑造成坚固的对吴作战前线。

第一项措施，任命了新的扬州官吏。经过慎重考虑，曹操任命温恢为扬州刺史。

温恢，字曼基，太原祁县（今山西祁县）人，曾任廪丘县长，鄢陵、广川县令，以及彭城、鲁国相，在任上都有出色表现，受人赞扬。后来，曹操把温恢调到身边，担任丞相主簿，掌管文书，参与机要，总领府事，是丞相最为亲密的官吏。现在任命温恢为扬州刺史，对温恢说："我非常希望能把你留在身边，但治理扬州更为重要！"可见曹操对扬州刺史一职非常重视。曹操又考虑到温恢没有任职刺史的经验，对扬州也不甚了解，仍派蒋济为扬州别驾，辅佐温恢。曹操称赞蒋济不贪高位，像春秋时吴国的季札，扬州却离不开他，有蒋济任别驾，才令人放心。

军事上，安排张辽、乐进、李典镇守合肥。张辽、乐进都属曹操阵营的"五子良将"，同时安排在这里，合肥的守御能力大为提高。

第二项措施，颁发《存恤吏士家室令》。曹操有感于连年战争给将士造成的死亡和给家属造成的痛苦，要求各地优抚死亡吏士家室，对他们的生活予以照顾，解决他们的切身困难。《存恤吏士家室令》是中国较早抚恤军人家属的政策法规，影响很大，多为后世效仿。

第三项措施，在芍陂开展屯田。芍陂，位于合肥之北，是春秋时楚国修建的湖泊，用于灌溉农田。建安五年（200）刘馥就开始在此屯田。现在曹操扩大了屯田的规模，主要是扩展军屯，军队边训练，边种地，边守备。这是军队长期驻扎、长期作战的后勤保障。

完善了合肥的防务，曹操才重新回到谯县。

生子当如孙仲谋

曹操铁骑尖矛挺进关中之时，荆州的形势也发生了变化。建安十五年（210），东吴偏将军、南郡太守周瑜病逝，由鲁肃接替周瑜，驻守江陵。建安十六年（211），益州牧刘璋在下属的蛊惑下，邀请刘备入川对付汉中的张鲁，刘备反客为主，袭取刘璋，至建安十九年（214）攻克成都，而荆州，留关羽驻守。

孙权借南郡与刘备，本想依靠刘备的力量抵御曹操，现在刘备占据了益州，完全出乎孙权预料。孙权要求刘备归还南郡，刘备不从，后经鲁肃斡旋，双方约定以湘水为界，平分荆州。这样，曹操、孙权、刘备在荆州九郡的地盘发生了新的变化：曹操占有南阳、襄阳、章陵三郡；孙权占有江夏、桂阳、长沙；刘备占有南郡、零陵、武陵。

荆州既已稳定，曹操、孙权争霸的重点重新回到合肥一带，为了适应这种变化，孙权把治所从京口（今江苏镇江）西移到秣陵，并改秣陵为建业。

合肥南有巢湖，汇聚几十条大大小小的河流，然后流入长江，可全年通航。巢湖向南可截长江天堑，向北可控"淮右襟喉"合肥，向西与大别山相呼应，向东能够威胁建业。孙权的部属吕蒙向孙权建议，在长江通往巢湖的河道上修建"坞"，控制巢湖到长江的河道，避免敌人以巢湖为基地进驻长江。"坞"是一种防御建筑，建在水上，可以停靠船只，也可以观察敌情，隐藏兵力，有码头的功能，又相当于水上的营寨。孙权采纳了吕蒙的建议，在濡须口（今安徽无为县东）这个地方建筑了寨坞，从此濡须口变成了东吴重要的前沿阵地。

吕蒙，字子明，汝南富陂（今安徽阜南县）人，十六岁依附姐夫邓当作战，母亲责罚他，他说："与其过贫贱的日子，不如打仗获取功劳，就能享受富贵。再说，'不入虎穴，焉得虎子？'"孙策见到他，任命他为别部司马。孙权接掌东吴后，开始重用他，在讨伐黄祖、山越时他立有战功。

曹操从关中回邺城后，打算对孙吴用兵。他先让阮瑀代笔，给孙权写了封信，信上说：

从上一次离别到现在，已经三年了，没有一天不惦念着你。赤壁一战，正碰上瘟疫，我烧了船只，避开瘟疫感染的地方，并不是周瑜的水军有多么厉害。至于江陵，财物已经用尽，民众也已经迁徙，没有什么价值了，所以军队主动放弃，也不是周瑜能够打败的。荆州不是我想要的，都送给你，希望你全部拿走，不要割裂给别人。前几年在谯地造了舟船，主要是为了观察湖泊的地形，安定江畔的民众，并不是准备打仗。以你的聪明，当然知道我的用意。你掂量掂量自己占有的土地，势力小实力弱，不能远征，难道只是想划江据守，偏安一隅吗？绝不能这样呀！就算凭借长江天堑，依靠水战，未必能阻挡住王师。在蜿蜒千里的水面上作战，情况变化多端，长江这么长，想要守卫住，谈何容易？历史上抗拒王师的，都没有好的结局。希望你能内取张昭，外击刘备，以显示效忠之心。我将长期把江东广大地区委托给你治理，高位重爵，你可以心安理得地拥有了。这样，对上免去朝廷的担心，对下可保百姓之福，你也能享受荣华富贵，我也得到了好处，何乐而不为呢？

这封信，先是为赤壁之败辩解，接着进行威胁恐吓，用意在于迫使孙权投降，或者打击孙权斗志。当然，孙权江东稳固，不会被曹操牵着鼻子走。

在得不到回应的情况下，曹操于建安十七年（212）十月，趁冬季水浅河窄，率大军出师东吴。曹操军队号称四十万，孙权迎战的军队只有七万。

张辽、臧霸为先头部队，兵锋直指濡须口。

次年正月，张辽等到达濡须口附近。出乎意料的是，这时突然天降大雨，水势上涨，孙权水军的优势一下子显露出来。张辽恐惧，考虑退兵，等待后面的主力部队。臧霸说："主公深明利弊，不会抛下我们不管的。"果然，第二天，曹操就率兵赶到。

为鼓舞士气，大军未做休整，曹操就下令攻打孙权江西营寨。初战告捷，不但摧毁了江西大营，还俘获了其都督公孙阳。

孙权见曹操来势凶猛，决定采用暗袭的手段挫其锐气。他命甘宁为先锋，夜袭曹营。

甘宁，字兴霸，巴郡临江（今重庆忠县）人。少年好游侠，不务正业，打劫抢掠，无所不为。成人后，忽然改过自新，刻苦攻读诸子经典，立志有一番大作为。他先投刘表、黄祖，不受重用，再投孙权，随孙权破黄祖，随周瑜攻曹仁，随鲁肃镇益阳，战功赫赫。

甘宁挑选了一百多人作为突袭队。出发前，孙权赏赐美酒佳肴，甘宁分赐给突袭队员们，并亲手斟给手下都督。都督跪伏在地，不敢接酒。甘宁拔出腰刀，大声呵斥："我甘宁尚且不怕死，你难道怕死吗？"都督这才恭恭敬敬接过酒杯饮下。然后，斟酒给士兵，每人一银碗。午夜，甘宁率突袭队裹甲衔枚，悄没声息地来到曹营，拔掉鹿角，突然冲入，杀死数十人。曹营惊慌失措，等到点燃火把，甘宁已安然返回。

"鹿角"是一种防守武器，防守步兵的也叫"拒鹿角"，就是将许多尖锐而坚固的树枝或树干捆绑在一起，放在道路之上，防止敌军快速通过；防守骑兵的叫"拒马"，是把圆木削尖，交叉固定在一起以阻止骑兵进攻。

孙权听到甘宁得手的消息，大喜，赞扬甘宁："曹操有张辽，我有甘兴霸。"

甘宁偷袭曹营，杀死的人并不多，但挫伤了曹军锐气。此后，双方进入相持阶段，虽然你来我往，互有交战，但曹军也不能攻下孙权营寨。

不久，曹军又遭受一次伏击。一天晚上，部分曹军坐船到沙洲上观察地形，被孙权水军包围。结果，三千人被俘，一千人慌不择路，落水溺死。

连续受挫，曹军放弃了主动进攻，坚守不出，静待时机。而孙权则逐渐掌握了战争的主动权。

一次，孙权乘船探察曹营，船开得很近，曹军用弓箭射击，孙权的船只一侧受箭，失去平衡，预计要侧翻的样子。孙权命船工将船掉头，这样，船的另一侧也挂了很多箭，船就重新平衡了。然后，孙权从容离去。

这之后，孙权再乘船到曹营旁，曹操下令严密监视，但不要轻易发射箭弩。孙权每次前来，如同出入无人之境。有时还奏起音乐，像是示威似的。就这样互相对峙到次年三月，春天来了，天气温润起来，江南的雨多了起来，江潮也日渐澎湃起来。孙权给曹操写了封信，只有八个字："春水方生，公宜速去"。另外一张纸又附了八个字："足下不死，孤不得安"。

孙权这个人很有意思，把打仗看得跟小孩子过家家一样，两张字条，妙趣横生。第一张算是比较正式的，像是在指挥曹操如何行动。第二张算是比较私下的，把心里最阴暗、也最真实的想法告诉曹操。孙权的信显得霸道而又淘气，但并不让人讨厌。

这就像两个高手下棋，中途说"和了吧"，是双方对大势的默契。

曹操对诸将说："孙权不是在欺骗我。"于是下令撤军还邺。

临走时，曹操撂下一句话：

"生子当如孙仲谋。"

锦囊妙计定合肥

　　长江出三峡，先走了个"W"形状，从江陵流向东南，到达巴丘（今湖南岳阳境内）折向东北，至江夏再折东南，至柴桑又折东北，到建业后才流向正东。

　　柴桑位于"W"的第二个底部。

　　柴桑对面，长江北岸，是皖县（今安徽潜山县）。

　　这时候，柴桑属九江郡，由孙权控制，皖县属庐江郡，由曹操控制。

　　庐江郡东、西、南三面为长江钳制，曹操担心为江东侵扰，于是把此地的民众北迁到淮北，这一带便地广人稀。

　　皖县是鱼米之乡，土地丰腴，灌溉方便，不久，吕蒙就看上了这块地方。他向孙权建议："如果皖县庄稼收获，敌军的兵力必然增强，我们应该早日除掉他们。"孙权接受了吕蒙的建议，以甘宁为先锋，亲自领兵攻伐皖县。因为群众稀少，守城也单薄，皖县很快沦陷，庐江太守朱光和守城官兵都做了俘虏。张辽从合肥赶来增援，为时已晚，只好怏怏而退。

　　曹操得知皖县失守，大怒，决意再次南征江东。这次出征，决策仓促，并且正值七月，阴雨连绵，江水盛涨，遭到很多大臣反对。如丞相主簿贾逵、丞相参军傅干多次劝谏，曹操不听，还把贾逵关押起来，告令"有谏者死"。然而，不出意料，这次征伐无功而返，甚至没有一场接触战，皖县也未能收回。

这次出征除了劳民伤财，最大的损失是曹操最重要的谋士之一——荀攸在征途中病死，终年五十八岁。

荀攸，字公达，是荀彧之侄，也是荀彧向曹操推荐的。据统计，荀攸一生为曹操贡献十二条奇策，被称为曹操的"谋主"。曹操很赞赏荀攸，称他是"人之表率"，具有"温、良、恭、俭、让的美德"，赞扬他说："公达外愚内智，外怯内勇，外弱内强，不伐善，无施劳，智可及，愚不可及，虽颜子、甯武不能过也。"意思是，荀攸大智若愚，不炫耀自己的长处，不夸大自己的功劳，即使春秋时颜回、甯俞也比不上。

这次回邺城，曹操暂时放弃了攻取江东的打算，决定先征讨汉中张鲁。但他对孙权实在不放心，于是任命薛悌为中护军，负责协调张辽、乐进、李典三位合肥守将的关系。同时，交给薛悌一封密札，封皮上写着"贼至乃发"四个字，交代孙权来袭击的时候打开。

建安二十年（215）八月，孙权趁曹操攻打汉中，果然来袭。

孙权大军号称十万，而合肥守军只有区区七千。这是一场严重不对称的战斗！

更要命的是，张辽、乐进、李典三位战功赫赫的大将，互不服气，战略战术难以统一。

这样下去，合肥必失无疑。

这时，他们想到了曹操的密札。打开一看，上面写道：

若孙权至者，张、李将军出战，乐将军守，护军勿得与战。

这封密札，为三位将军定下了大的防御框架，避免了各自为战。

然而，看过之后，大家还有疑惑。敌众我寡，还要分兵作战，出城迎敌，这不是找死吗？

张辽脑子反应快，解释道："主公出征在外，没有办法前来救助。他指示我们在敌人没有来得及合围的时候，主动出击，挫其锐气，以安众心，然后就容易防守了。"其他将领也不知道张辽解释得对不对，不发一言。张辽怒曰："成败之机，在此一战，诸君何疑！"

李典最终认同了张辽。他说："这是国家大事，就照你的计策进行，看看怎样。我不能因为私人怨恨而忘掉公义呀！"

大家意见达成一致，在七千守军中招募八百敢死勇士，夜里杀牛宰羊进行犒劳。天亮时，张辽披甲执戟，先登陷阵，大声喊着自己的名字，杀死敌人两位将领、数十位士兵，一直冲到孙权的将旗之下。孙权大惊，众人也惊慌失措，纷纷往高处退缩，各人拿着兵器自守，没有人敢冲上去同张辽作战。

张辽在下面喊孙权的名字，激他下来作战。孙权开始不敢动，后来见张辽兵将少，便命令士兵把张辽军围住。张辽左冲右突，突破重围，率十余人逃出。后面的将士高喊："将军要抛弃我们吗？"张辽再度冲进包围圈，救出其他人。孙权军士望风披靡，没有人敢上前阻挡。战斗一直从早上进行到中午，孙权军队士气大伤。张辽回到城中休整，大家的担心稍微安定下来，诸位将领也都敬佩张辽，誓死守卫合肥城。

孙权围攻合肥城，十多日攻不下来，便下令撤军。他让主力部队先撤，自己和少量将士断后。张辽登上城墙，看见孙权到达逍遥津（今安徽合肥东北）北岸，便率步骑突袭，甘宁、吕蒙死战御敌，凌统率三百亲兵护卫孙权逃出。

孙权骑马逃到河边，桥上木板已经被毁。他让侍从拿着马鞭猛抽战马，战马受惊，纵身过桥。

到了南岸，与接应部队会合，孙权才算逃离险境。而甘宁、凌统等人，继续在北岸厮杀，身上多处受伤。见孙权已经安全，才泅水过河。

这一战，时间虽不长，战斗相当激烈，相当精彩。合肥守军以八千胜十万，是了不起的战绩，还差一点活捉孙权，更是了不起的奇迹。

孙权以十万大军，落得如此狼狈的下场，关键是士气不足。刘备担心曹操取得汉中后，威胁益州，请求孙权牵制曹操，才有这次合肥之战。孙权本来意愿不强，无心久战，加上受到张辽突袭，士气更加低落，以至于差点命丧逍遥津。

张辽赢得精彩，曹操的锦囊妙计，更让这场战役笼罩着一丝神秘的气氛。

不算投降的投降书

建安二十一年（216），曹操打败张鲁，回到邺城，决定再征孙权。

赤壁之战后，曹操每有空闲，就对孙权用兵。曹操的用意显然不是毕一役之功收服江东，而是通过战争控制军队，威慑军事上的敌人，也威慑政治上的对手。

十月到达合肥，曹操观看了逍遥津战场，对张辽赞叹良久。

张辽，字文远，雁门马邑（今山西朔州）人。张辽先后从属丁原、董卓、吕布，下邳之战后，归降曹操。张辽是除曹氏、夏侯氏之外，最受曹操器重的军事将领之一，他智勇双全，特别是斗志旺盛，累积了赫赫战功。除了在乌桓白狼山身先士卒，斩杀蹋顿外，建安十四年（209），庐江人陈兰、梅成叛乱，曹操遣张辽等人讨伐，陈、梅二人转入山中自守，其山高峻二十余里，道路险狭，张辽坚持进山围剿，众将惧怕，说："此山险恶，我军兵少，不利于作战。"张辽却没有丝毫畏惧，说："一对一，勇者才能取得胜利。"于是起兵上山，最终斩下陈兰、梅成首级。

这次合肥之战，更让张辽名声大振。特别是在江东地区，张辽更是家喻户晓。小孩子啼哭，父母吓唬小孩："张辽来了！"哭声马上停止。

曹操升张辽为征东将军，并给他增加军队，让他同自己一起南征。当时不同级别的将军分配不同数量的士兵，不允许私自增加。守卫合肥时，张辽、乐进、李典共有七千守军，说明当时三人带兵权限总和是七千人。

次年正月，曹操大军屯兵居巢（今安徽巢湖），离濡须口不足百里。

孙权方面统兵都督是吕蒙。吕蒙的主要防御措施是弓箭。他在过去修建的寨坞上安置强弩万张，防止敌人突击。

曹操和孙权的战斗，每次都是以偷袭、突袭为开端，这次也不例外。吕蒙趁曹军前锋扎寨未稳，主动出击，先声夺人，取得了小小的胜利。

然而，吕蒙没有能够延续胜利。毕竟双方实力差距还是比较大的。曹操在接下来的战斗中，一直压着吕蒙打，打得吕蒙龟缩在寨坞中不能应战。

战局不利，孙权派人求和。求和的条件是称臣纳贡。其实，孙权并没有损失，本来就是汉臣，进一步确认而已，对自己在江东的统治没有任何实质性影响。曹操也知道短时间内不可能打下东吴，于是同意停战。

这是一场名义上的胜利。对于双方来说，却提供了进一步合作的可能，因为他们这时有了共同的敌人——刘备。刘备在益州发展很快，大有后来居上之势，这是孙权不愿看到的。

只有共同的利益，没有永恒的联盟，此时的东吴，作为最弱的一方，必须学会在两强之间摇摆，保持三方力量的均衡。何况，孙权一直对刘备长期借着荆州不还耿耿于怀。

为拉拢孙权，曹操还表示双方要继续通过联姻强化关系。在孙策时代，曹操曾将自己的侄女嫁与孙权的弟弟孙匡为妻。

双方皆大欢喜，曹操于三月率军北还。这次，曹军将前沿阵地从合肥前移到居巢，留伏波将军夏侯惇都督张辽、臧霸等二十六军驻守，居巢防务变得十分强大，这样便能有效控制孙权水军进军巢湖。这也算这次南征的一项成果吧。

曹操又对这场战役中的有功之将进行赏赐，特别是赏赐给夏侯惇一支歌舞乐队，并且为自己的赏赐寻找依据：春秋时晋国魏绛向晋悼公提出和戎政策，使晋国能够与戎狄和睦相处。晋悼公很高兴，将郑国赠送的乐师、乐器，女乐的一半赐给魏绛。于是夏侯惇也高高兴兴地接受了曹操的赏赐。

孙权方面防守濡须口的将领则调整为周泰督领朱然、徐盛。吕蒙升任左护军、虎威将军。冬，鲁肃去世，吕蒙接替鲁肃，驻守陆口（今湖北嘉鱼县陆溪镇），与关羽驻守的江陵依江为邻。

自赤壁之战起，曹操与孙权断断续续交战数十年，互有胜负。但双方都防御有余，攻略显得力不从心，原因之一在于中原兵士到江南水土不服，陆军和水军作战环境不一样。还有一个原因，就是双方都认识到短期内不可能完全击溃对方、占有对方土地，所以每次战役都点到为止，没有不胜不还的勇气和决心。

这次濡须口之战，是曹操生前最后一次伐吴。

第十二章

得失之间，是战局也是人生

汉中，与时间赛跑

关中向南，是秦岭，越过秦岭，是汉中。汉中是益州的一个郡，郡治南郑（今属陕西）。刘焉入主益州时，安排部下张鲁驻守汉中，密令张鲁掐断长安到益州的通道，凡有朝廷使者，一律斩杀，益州形成事实上的独立王国。

张鲁，字公祺，沛国丰县（今属江苏）人。张鲁的祖父张陵，是汉末最重要的"五斗米道"教派创始人。五斗米道是道教的一个流派，是后世道教的主要源头，张陵则被称为"张天师"。张鲁的父亲张衡，以及张鲁本人，都大力发展了五斗米道，张鲁自称"师君"，张鲁统治的汉中，形成了政教合一的政权形式。

刘焉死后，刘璋继位，张鲁开始不听调遣，试图摆脱刘璋。刘璋几次讨伐，均不见成效，一怒之下，杀了张鲁在成都的母亲及家室，因此刘、张两人势不两立。刘璋请刘备入川剿灭张鲁，不想却引狼入室，刘备几乎兵不血刃，轻松把刘璋赶下台，自己做了益州主人。

现在，张鲁北有曹操，南有刘备，处在南北夹击当中。夹在两个英雄之间，不好受，玩死是迟早的事，关键是死在谁手。

刘备尚在新野寄居时，就把汉中规划到未来的版图中。诸葛亮绘制的蓝图中，"刘璋暗弱，张鲁在北，民殷国富而不知存恤，智能之士思得明君"。

刘备将要取代的，不仅有刘璋，亦含张鲁。

不仅刘备如此，甚至连孙权也曾垂涎过这块地盘。周瑜曾向孙权建议，向西夺取益州、汉中，然后和马超联络，夹击曹操！只是由于周瑜死得早，刘备不配合，这个计划才未能实施，让刘备占了先机。

刘备能够捷足先登，占据益州，和曹操的疏忽有很大关系。从某种意义上说，正是曹操的自大，将益州拱手相让。

事情要从刘璋的别驾张松说起。

张松，字子乔，长得身材短小，相貌丑陋，而且放荡不羁，不治节操。张松虽在益州担任要职，却是不折不扣的"内奸"。他觉得刘璋德不配位，一心想给益州找个新主人。

曹操南下荆州时，刘璋惴惴不安，他派特使到荆州表示敬意，对曹操投怀送抱，甚至还向曹操提供粮草和三百名士兵，这个特使就是张松。

张松欲结交曹操，劝说曹操攻取益州，自己作为内应。他连益州的地图和户籍资料都带在身边，只等献与曹操。不料，曹操此时正志得意满，见张松其貌不扬，没把他放在眼里，态度极为冷淡。受到怠慢的张松一气之下，打消了攀附曹操的念头，把心思用在了刘备身上。

回到益州，张松向刘璋复命，劝刘璋和曹操断绝往来，与刘备结盟。刘璋是个没有见识的主儿，对张松言听计从。后来迎刘备入川，开门揖盗，引狼入室，无一不是张松的主意。

如果不是曹操慢待张松，也许益州已经纳入曹操版图。

益州下错了一步棋，为刘备所得，汉中必须抢先拿到手。

建安二十年（215），曹操和孙权修好之后，趁刘备在益州立足未稳，无暇他顾，率先发动了征伐汉中的战争。

从长安到汉中的道路有数条，大多经过秦岭深处，逼仄崎岖，形势险峻，如果派一支军队扼守咽喉，纵有千军万马，也难前进半步。为稳妥起见，曹操采取迂回的方式，选择了一条路途虽远，但相对平坦宽敞的道路，即从长安向西，经陈仓（今陕西宝鸡）出散关（陈仓西南）入河池（今陕西凤县），然后向东南到汉中。这条线，也是当年汉高帝刘邦"明修栈道，暗度陈仓"，出汉中进关中争霸天下的路线。

这条道路要经过氐人聚集区。氐，我国古代西部少数民族，两晋后，建立过前秦、后凉、后汉等政权。当时氐族人在陇南一带形成比较强的武装势力，从这里进军汉中，需要先清除氐人武装。

这年三月，曹操率兵十万到达长安，先派张郃、朱灵为先锋，对经过地区的氐族势力进行了一番清剿。五月，曹操大军行进到河池时，遭遇到氐族武装反扑，氐王窦茂率万余人，凭借山高路险，阻截曹操军队。曹操以为经过张郃、朱灵的清剿，氐人已经平服，没想到他们这样顽固，大怒，用了近一个月时间攻克氐人，斩杀窦茂，对氐人武装进行了血洗，杀死不少人。

七月，曹操大军到达阳平关（今陕西勉县西）。阳平关是汉中的门户，张鲁自知不能敌，打算投降，他的弟弟张卫认为凭借阳平关险峻的地势，或许可以抵御。张鲁于是给张卫数万兵马，会同大将杨昂、杨任，坚守阳平关。阳平关中间，是一条仅供马车通行的道路，两侧则是崇山峻岭，绵延几十里。山峦之上，草木深茂，荫翳蔽日。张卫、杨昂又在山上修筑女墙，形成坚固的防御工事，安排强弩、石块隐蔽在女墙后和掩体间，虎视眈眈地监视中间的道路。

曹操见阳平关地形复杂，不敢让军队贸然前行。他指挥军队，先向两侧山上进攻，试图拔除防守据点。但山势陡峭，士兵难以接近这些据点，结果死伤不少人。

曹操久攻不下，有些灰心丧气，想要拔师而还，遣大将军夏侯惇、将军许褚到山上招呼士兵下山。天色已晚，山间道路崎岖，前军竟找不到回去的路，像无头苍蝇一样到处乱撞，不料竟撞到了张卫的营寨。张卫部队原以为曹军已经撤退下山，没有一点儿准备，见到曹兵，大惊，乱作一团，争相逃命。就这样，曹军戏剧性地拔除了阳平关据点，有人把这个消息报告给后军的夏侯惇、许褚时，他们竟不敢相信。然而亲眼看见后，立刻报曹操，曹操派部队乘胜追击，杀了杨任，张卫、杨昂侥幸逃走。

张鲁见阳平关已失，又打算投降。他手下谋士阎圃建议说："现在被迫投降，不被曹操重视。如果退居巴郡，依附杜濩和朴胡，抵抗一番，再主动归顺，功劳就大了。"杜濩和朴胡都是巴郡少数民族首领。阎圃的意思是，依附杜濩和朴胡进行抵抗，说明自己还有实力，投降曹操会获得比较好的待遇。

张鲁听着有理，就放弃汉中，逃到巴中。走前，部将打算烧掉仓库中的货物和粮食，张鲁不许。张鲁说："我本来就是打算归顺朝廷的，现在逃走，只是避其锋芒，没有恶意。"他把仓库规规矩矩封存好，才从容离开南郑。

曹操到达南郑后，见仓库完好，仓储充实，非常高兴。同时觉察到张鲁有归顺之意，于是派使者到巴郡去说服张鲁和杜濩、朴胡等。张鲁再次征求阎圃意见，阎圃说："要么向北归顺曹操，要么向西交结刘备。"张鲁说："我宁愿做曹公家里的奴役，也不愿做刘备座上的宾客。"十一月，张鲁带领全家，会同当地少数民族首领杜濩、朴胡、袁约等归降了曹操，曹操亲自迎接，授予张鲁镇南将军的官职，封阆中侯，食邑万户。张鲁的五个儿子和阎圃等，也都被封为列侯，曹操还让自己的儿子曹祖娶了张鲁的女儿为妻。一同归顺的还有马超手下的旧将庞德，曹操任命他为立义将军，封关门亭侯。

为了分化巴郡力量，防止他们再次割据，曹操将巴郡分成三个郡：巴西、巴和巴东，以朴胡为巴东太守，杜濩为巴西太守，袁约为巴太守。

至此，曹操用不到半年时间，占据汉中。

小概率事件，恃勇逞强导致的马失前蹄

曹操取得汉中时，丞相主簿司马懿和刘晔建议，趁刘备在益州立足未稳，一鼓作气拿下益州。刘晔说："明公威震天下，势涉海外，现在又攻下汉中，蜀人望风披靡。刘备是当世人杰，只是谋略比较迟钝，得到蜀地不久，还没有得到蜀人的支持。借此机会向前推进，蜀地必可传檄而定。如果迟缓，诸葛亮善于治理国家，关羽、张飞勇冠三军，他们守住险要，就很难攻打了。今日不取，以后必为祸患。"

曹操以诗人般的浪漫回应："人生无足，既得陇，复望蜀邪！"俗话说得陇望蜀，人生真是没有满足呀！于是否定了司马懿和刘晔的建议。

司马懿和刘晔的建议具有一定的前瞻性，但是他们还不了解曹操的心思，对大局的把握也不够透彻。赤壁之战后，曹操把关注的重点转移到了政治稳定上，军事扩张退居其次。另外，赤壁之战的一个教训，就是没有稳定荆州，就匆忙攻打江东，曹操吸取教训，不愿再做冒险的事情了。

七日后，情报显示，蜀地果然震动，每天都有数十起惊恐事件发生，刘备杀了几拨人才安定住局势。曹操又问刘晔："现在出兵还可以吗？"刘晔说："现在蜀地已经稍微安定了，不能出击了。"

十二月，曹操自南郑还师，留夏侯渊督张郃、徐晃守汉中。

曹操离开后，夏侯渊又一次杀了个回马枪，对武都郡（今甘肃成县西北）氐人、羌人部落进行了扫荡，抢到谷梁十万余斛。同时，张郃率领军队进入巴、巴东、巴西等三巴地区，向南蚕食蜀地。每进攻下一个地方，把当地民众迁徙到汉中。为了应对张郃的蚕食政策，刘备派张飞前去拦截。双方在宕渠（今四川渠县东北）遭遇，对峙五十余日，互有胜负，难分伯仲。

战争的转机在于张飞的致命一击。

张飞认真观察地形后，将张郃部队引至山道狭窄处，然后从山上小道冲下来，将张郃部队拦腰截断，使其首尾不能相顾，大败。此战，张郃只带领十几个亲兵弃马爬山逃亡，回到南郑。此战虽败，但张郃孤军深入，情有可原，曹操不但没有惩罚张郃，还升他为荡寇将军。

刘备听到曹操回邺，张飞又战胜张郃，大大鼓舞了斗志。刘备自知用兵不及曹操，但对阵曹操手下的部将却很有信心，况且汉中对益州太重要了！

刘璋的降将法正向刘备论述汉中的重要性：汉中土地肥沃，可以广农积谷；汉中地处要塞，可以固守川蜀；汉中毗邻关中，可以蚕食雍、凉。对于刘备、曹操、孙权三方来说，汉中相对封闭，又可以通达四方，实在是战略要地。

法正，字孝直，扶风郿县（今陕西眉县）人，和张松共同辅助刘璋，都感觉在刘璋处没有前途，所以共同谋划，将刘备引入益州。法正善于奇谋，是刘备入蜀初期重要的谋士。

建安二十二年（217）年年末，刘备两路大军向汉中进犯，一路由张飞、马超、吴兰率领，向北攻打下辨；另一路由刘备亲领，从武都出阳平关向西攻打汉中。

听到刘备来犯，曹操也兵分两路进行拦截。一路由驻守汉中部队夏侯渊、张郃、徐晃，防御刘备；另一路以曹洪为帅，骑都尉曹休、议郎辛毗辅佐，抵御张飞。曹洪，字子廉，虽然忠诚勇猛，但贪财好色，行为放纵，曹操不太放心。他嘱咐曹休、辛毗："过去高帝贪财好色，张良和陈平在一旁时时提醒他，防止他耽误正事。现在你们俩责任也不轻呀。"并且交代曹休："名义上任命你为参军，实际上由你统兵。"任命曹洪为帅，是因为资历；交代曹休统兵，是因为才能。曹操对曹休、辛毗的嘱咐传到曹洪耳朵里，曹洪也颇为知趣，事事按照曹休的意见办。

曹休建议曹洪趁张飞、马超部队刚到，还未休整、部署到位，发动突然袭击。曹洪听从了曹休的建议，果然大败张飞等，并杀死了吴兰。

刘备亲领的一路，进展也不顺利。夏侯渊、徐晃屯兵阳平关，对峙刘备；张郃屯兵广石（今四川广元境内），呈掎角之势，互相照应，互相支援。

刘备的策略是从中间拦腰截断夏侯渊和张郃的联系。他派陈式等将领去切断阳平关和广石之间的要道马鸣阁栈道（今四川广元昭化区内），徐晃急忙前来维护通道，大破陈式军，许多蜀兵无路可走，被迫从悬崖上往下跳，大多死伤。

一招不成，只得改变策略。刘备又以精兵一万，直接进攻张郃。张郃奋勇抵抗，身先士卒，先登陷阵，没有给刘备半点机会。

就这样，在阳平关对峙达一年多，刘备没有能前进半步。

建安二十四年（219），刘备放弃阳平关，向南渡过沔水，顺着山路向东行进，到达定军山（今属陕西勉县）。定军山是汉中又一屏障，比起阳平关，离南郑更近。夏侯渊不敢怠慢，急忙回撤主力，在定军山阻挡刘备军队。

夏侯渊、张郃的守军在山上扎寨，山坡扎满鹿角，防止刘备骑兵突袭。刘备令黄忠在另一个山头，击鼓激励士兵朝汉中守军的营寨猛攻。夏侯渊令张郃守东面，自己守南面。刘备大军涌向张郃一侧，夏侯渊把自己的兵力分一半支援张郃。刘备久攻不克，就放火烧毁鹿角。

一波进攻过后，战场顿时陷入寂静。战场上喧闹是可怕的，寂静同样可怕，因为不知道寂静中酝酿着怎样更大的风暴。就如黎明前的黑暗，比子夜更恐怖；又如暴雨前阴沉的天空，昭示着神秘力量宣泄的愤怒。

夏侯渊趁战间小憩的机会，带领几十个亲兵下山，修复被烧毁的鹿角。这一幕，恰好被居高击鼓的黄忠看到。黄忠立刻率几百名骑兵，从山头突袭下来。夏侯渊猝不及防，还未等正面迎战，黄忠的金背大刀已经砍向他的脖颈……

夏侯渊，字妙才，沛国谯县人，西汉太仆夏侯婴之后，曹操在陈留起义兵，夏侯渊开始追随曹操，屡立大功，是曹操最信任、最得力的干将之一，也是曹军中能独当一面、驻守一方的大将。

夏侯渊作战勇猛，但不善用计。曹操告诫他："为将当有怯弱时，不可但恃勇也。将当以勇为本，行之以智计；但知任勇，一匹夫敌耳。"结果，夏侯渊还是死于恃勇不慎。

为此，曹操专门告诫全军，批评夏侯渊不该逞强恃勇，不用智谋，更不该不顾督帅的身份，亲自去干补鹿角这样的小事。

夏侯渊死后，谥曰"愍"。"愍"是哀伤的意思，说明曹操痛失爱将的心情。

退出汉中，英雄的暮年很无奈

夏侯渊战死，群龙无首，军中惶恐不安，大家一时不知该怎么办好。在这关键时刻，督军杜袭，以及军司马郭淮，共同推举张郃为主帅。郭淮说："张将军，国家名将，刘备所惮。今日事急，非张将军不能安也。"郭淮说得没错，论功绩，论能力，张郃更在夏侯渊之上。刘备见到夏侯渊的人头时，曾蔑视地说："当得其魁，用此何为邪！"意思是，最好擒杀张郃，要夏侯渊的人头有什么用。

刘备本来打算乘胜渡过沔水，听说张郃果然被推为军中魁首，怕被半渡而击，放弃了渡江计划。

汉中战事吃紧，曹操亲自赶赴前线。夏侯渊被杀时，曹操已驻扎在长安，得知军中推张郃为帅，很赞赏，派遣使者授张郃"假节"，代行军中最高权力。

两个月后，建安二十四年（219）三月，曹操大军从长安向南，走比较近的褒斜道越过秦岭，抵达南郑。

两年多的对峙，刘备逐渐占据主动。得知曹操亲自赶来，刘备表示："曹操虽来，无能为也，我必有汉川矣。"经历了赤壁之战、益州之战后，刘备实力大增，加上有诸葛亮、法正等谋划，信心足了，底气也足了。

刘备已经想好了应对曹操的策略，那就是守而不战。汉中与关中群山阻隔，粮草运输不便，只要坚守不战，时间长了，曹操必然回朝。

刘备在"拖"字上下功夫，也会盯着曹操的粮草，寻找战机。这一天，黄忠看见曹军在山下运军粮，决定去劫粮。过了一段时间，还不回来，赵云带数十骑去接应，被曹军发现追赶。赵云且战且退，进入自家营寨，打开寨门，偃旗息鼓。曹军从来没有见过这样的阵势，怀疑有伏兵，不敢入，退了回去。这时赵云又下令擂起战鼓，鼓声震天。营中士兵一拥而出，从曹军背后用箭射杀。曹军惊慌逃窜，自相践踏，死了不少人。

双方相持一个多月，曹军未能让蜀军后退半步，粮食供应却渐渐接济不上，士兵死的死、逃的逃，随朴胡、杜濩依附曹操的将领王平，也趁机投降了刘备。

这样的战争坚持下去，得不到好处，退出汉中，心有不甘。曹操陷入两难选择的纠结中。这天，士兵来问军中口令，曹操随口说了句"鸡肋"。

口令传达下去，主簿杨修开始整理行装。大家惊问："这是干什么？"杨修从容答道："夫鸡肋，弃之如可惜，食之无所得，以比汉中，知王欲还也。"果然，不久曹操下令撤出汉中，回到长安。

刘备与夏侯渊、张郃从建安二十二年（217）年末交战一年多，至建安二十四年（219）三月。曹操亲临汉中后，仅仅两个月，便于五月份撤离。

从此，汉中不复为曹操所有。

汉中既失，武都也难保。曹操令曹洪等也后撤，一直把防线撤到陈仓。汉末战乱，人口比土地更可贵，曹操不愿把人口留给刘备，特别是武都的氐人，作战勇猛，如果交给刘备，将成大患。他问雍州刺史张既有何良策，张既建议："可以规劝氐人迁到北方的粮食产区，以躲避战乱。凡是先迁移的，给予奖励。如果先迁的兑现好处，后面的人就会照着去做。"曹操采纳了张既的建议，由武都太守杨阜具体实施。武都氐人迁徙到扶风、天水一带定居的达五万多人。

及至刘备得到汉中、武都，两郡人口已经迁出了大部分。

刘备又派宜都（今属湖北）太守、刘璋旧将孟达从秭归（今属湖北）攻房陵（今湖北房县），派养子刘封自汉中顺沔水而下，和孟达会师，共同攻上庸（今湖北竹山西南）。上庸太守申耽投降，刘备任命申耽继续担任上庸太守，从汉中毗邻上庸地区分出西城郡，申耽的弟弟申仪任西城太守。

房陵、上庸、西城合称东三郡。秦岭、大巴山、武当山、巫山横贯东三郡，其地势险恶，四塞险要，对外呈封闭状态，但沔水流贯其间，通过沔水西连汉中，东接襄阳，是攻守兼备之地。

因曹操已称魏王，刘备在诸葛亮、法正的支持下，于七月在沔阳（今陕西勉县东）设坛，祭拜天地，自称汉中王，立刘禅为太子。加封许靖为太傅，法正为尚书令，关羽、张飞、马超、黄忠分别为前、右、左、后将军，赵云为翊军将军。拔擢魏延为汉中太守、镇远将军，镇守汉中。

而后，刘备回到成都，治所依然设在成都。曹操则任命杜袭为留府长史，镇守长安，自己则回到洛阳。

曹操轻易放弃汉中，主要是由汉中地理位置决定的。汉中虽然四面崇山峻岭，但向南到益州道路相对平坦。取汉中而不能得益州，山路崎岖军队难以补给，终究不利于作战。曹操攻打张鲁进入汉中时，就感慨汉中是个妖魔的国度，南郑就像炼狱，当时就有放弃汉中的打算，所以占领汉中后，就开始把人口移到关中。

放弃汉中的另一个原因，是曹操年纪大了，对征伐已经力不从心。建安二十四年（219）汉中战事结束时，曹操已六十五岁高龄，离他生命终点只有一年。他已经没有精力拓展土地，只想在有生之年处理好后事，顺利完成政权交接。

裴潜的怀柔，曹彰的威名

曹操离开汉中又回到汉中这段日子里，一刻也没有闲着。他先是被册封为魏王，然后又再次征伐孙权，另外还要处理复杂的北方少数民族问题。

汉末北方边境少数民族政权，主要有匈奴、鲜卑、乌桓、羯、羌、氐等。

后汉光武帝始，有意识地允许少数民族内迁，至汉末，关中、并州、幽州都居住着大量的少数民族。

羌族、氐族人主要居住和活动在凉州，例如董卓、马超、韩遂军队中都有大量的羌、氐士兵，他们逐渐跟汉人融合在一起，随着当地军阀的崛起和衰败而起起伏伏。

匈奴是北方最古老的少数民族，秦汉之际十分强大，后来分成北匈奴、南匈奴两部，南匈奴联合汉室打败北匈奴，北匈奴西迁至现在的中东地区。而南匈奴依附汉朝，被安置在河套地区。

鲜卑族起源于东胡，被匈奴打败后，退居鲜卑山，因此得名鲜卑族。匈奴衰败后，鲜卑强势崛起，多次和后汉发生战争。至汉末，鲜卑族分裂成若干个小政权，其中影响最大的是分布于代郡（今河北蔚县）、上谷（今河北张家口）等地的轲比能集团。

乌桓族散居于幽州、并州北部。建安十年（205），曹操北征乌桓后，辽东属国、辽西、右北平三个郡的乌桓武装基本被解除，曹操将部分乌桓人口内迁，还面向他们征兵，使这一地区稳定下来。

建安二十一年（216），代郡的乌桓又出现点麻烦。代郡乌桓三位大人，自称单于，他们依仗自己的势力，骄横跋扈，控制代郡政务，不服从郡守管理。为了解决代郡乌桓问题，曹操任命丞相府仓曹掾裴潜为代郡太守，并让他带兵就任。裴潜谢绝了带兵要求，说："代郡人口众多，不用多大力气就能聚集上万兵马。乌桓大人自知放纵日久，心里不踏实。如果带兵前去，必然遭遇他们的抵抗。应当用计谋解决问题，不能用军队威胁。"

曹操同意了他的要求，裴潜只身单车前往就任。到了代郡，耐心安抚乌桓大人，乌桓大人摘下帽子，屈膝下拜，表示服从管理。

裴潜对乌桓大人施与恩惠，对勾结大人的代郡官员却毫不留情，诛杀了几名高官，对乌桓首领和当地百姓起到了极大的震慑作用。

同年，南匈奴单于呼厨泉入朝，曹操担心南匈奴人口繁衍过快，日后不好控制，于是趁机把他留在邺城，软禁了他，派右贤王去卑在南匈奴主持政务。他又将南匈奴分成左、右、南、北、中五部，分别安置在并州诸郡，每部设置一名帅，由匈奴人担任，另设一名司马，由汉人担任，负责监督匈奴人。

三年后，代郡初治，曹操把裴潜调回邺城。裴潜回来复命："我对百姓宽宏，对胡人严厉。因为胡人一向骄横，管治过宽必然滋长他们的气焰。从现在的形势判断，代郡还会发生叛乱。"曹操非常后悔把裴潜调回来。

果不其然，几十天后，代郡传来消息，乌桓三位大人造反。曹操派鄢陵侯、三子曹彰为北中郎将，行骁骑将军，前去征讨。因为曹彰是第一次带兵，曹操不太放心，告诫他说："在家我们是父子，接受命令我们就是君臣。你的一举一动都要符合王法。"曹彰刚进入涿郡境内，遭遇乌桓几千名骑兵突然进攻。当时曹彰兵马尚未集结，只有步兵千人，战马数百匹。曹彰坚守阵地要冲，抵挡住了乌桓军的进攻。等到乌桓退兵，曹彰趁机追击，亲自与敌人搏战，射杀敌骑无数，曹彰铠甲也中了几箭，可是他的斗志更加旺盛。敌人败逃，曹彰一直追到桑干河（今河北蔚县东北）。这时，军中长史和众将军劝曹彰让兵马休息，因为远道而来，兵疲马困。而且，曹操有令，不允许孤军深入。曹彰说："率兵出征是为了取胜，为什么要受限制呢？敌人还没有跑远，追上去就能击败他们。放跑敌人的，绝不是好的将领。"于是命令部队快速追击，落后者斩。他们用了一天一夜，终于追上敌军，斩获敌军几千人。

当时势力最大的鲜卑族首领轲比能，蠢蠢欲动，又担心打不过魏军，就坐山观虎斗，观望魏军强弱。等见到曹彰所向披靡，便不敢轻举妄动，主动请求臣服。

曹彰凯旋，曹操召曹彰到长安。路过邺城时，太子曹丕告诫曹彰："你第一次立功，一定注意不要骄傲自夸。"曹彰到了长安，在曹操面前把功劳都归于众将。曹操大喜，夸奖曹彰大不简单。

经此一战，曹彰威名大振，北方悉平。

荆州是个火药桶

北方烽火才平，南方硝烟又起。

荆州就像三国时期的火药桶，不仅因为它是"赤壁之战"这场决定天下三分战争的主战场，更重要的是，它位居曹魏、孙吴、蜀汉交界处。三家各有其地，又搅扰不清，稍有争端，荆州无疑首当其冲。

建安二十四年（219），这个火药桶终于爆发。

刘备平定蜀地后，以关羽总督荆州事，通过和孙权"湘江划界"，此时掌管着荆州南郡、零陵郡、武陵郡三个郡；长沙郡、桂阳郡、江夏郡南部属于孙权；南阳郡、章陵郡、襄阳郡和江夏郡北部属曹操，镇守这个区域的是魏征南将军曹仁。

战争的引子源于南阳郡的一场叛乱。曹仁屯兵襄、樊，向南阳郡征收繁重的徭役赋税，民众苦不堪言。宛城守将侯因、卫开举事造反，曹仁从樊城发兵，将这场叛乱镇压下去。

南郡守将关羽，见曹操后方不稳，趁机发动战事，进攻襄、樊，从而引燃了荆州这个火药桶。关羽进攻襄、樊的战争，史称"襄樊之战"，又称"关羽北伐"。

七月，关羽命南郡太守糜芳守江陵，将军士仁守公安，自己率领大军向襄、樊发动大规模进攻。

曹操当时在长安，立即派左将军于禁、立义将军庞德增援。曹仁安排于禁和庞德在樊城北扎营，自己在汝南太守满宠的协助下守卫樊城。

曹军呈掎角之势，坚守不出，关羽也无可奈何，双方相持不下。

到了八月，襄樊地区连降大雨，汉水泛滥，溢出平地五六丈。樊城被淹，尚能坚守，屯驻樊北的营寨地势较低，被大水灌入，士兵不能居住。于禁、庞德只好率军队找地势高的堤坝等处避水。

关羽驻守江陵、公安，常年训练水军，这时候派上了用场。他乘船攻打于禁、庞德。面对一望无际的大水，于禁毫无用武之地，于是投降。庞德和少量将士在河堤上，顽强抵抗。关羽命士兵向河堤射箭，庞德带盔披甲，把射过来的箭回射过去，竟箭无虚发。就这样，他们从黎明一直坚守到午后，士兵大多战死。箭射完了，就和敌人短兵相接，等堤上只剩下三个人的时候，从蜀军中抢过一只小船，打算退走。不料一个浪头打来，船翻入水中，庞德被擒。

这次战役被称为"水淹七军"，其实只是天灾，并不是关羽决堤放水淹城。"七军"为泛指。

于禁，字文则，跟随曹操征战二十八年，为曹魏"五子良将"之一，久经善战，咸有效劳。

庞德，字令明，原是马超旧将。马超和他的兄长庞柔都在益州受刘备重用。庞德出兵前，有人议论，担心庞德不忠。庞德说："我受国恩，义在效死。今年我不杀羽，羽当杀我。"被俘后，关羽劝降，庞德大骂："我宁为国家鬼，不为贼将也。"关羽只好将庞德杀掉。

于禁投降、庞德被杀的消息传到长安，曹操哀叹良久。他没有想到刚归降的庞德这样忠诚，老部下却贪生怕死。曹操为庞德流泪，说："我赏识于禁三十年，到了危险时候，反而不如庞德！"

大水把樊城城墙浸泡得多处崩坏，粮食也所剩无几，关羽更是加快了攻城的节奏。城内军队担心守不住，对曹仁说："现在情况危急，不是我们的力量能应付的，应该趁还没有被完全包围，乘小船连夜退走。"曹仁征求满宠意见，满宠说："山洪来得急，去得也快，不会滞留很久。听说关羽已经将部队推进到了郏县（今属河南平顶山），许都以南民众惶恐。关羽之所以不敢继续向前推进，就是害怕我们断他后路。如果我们逃走，黄河以南地区，恐怕不再归国家所有了。将军应该坚守下去！"

满宠的话鼓舞了曹仁，曹仁率将领们盟誓，同心固守樊城。

关羽将樊城团团围住，使其内外断绝。同时，又分兵包围了襄阳。襄阳由将军吕常把守，而荆州刺史胡修、南乡太守傅方都投降了关羽。

关羽水淹七军，围攻襄、樊，一时间威震华夏。许都以南的民众，趁机响应关羽，一时间群盗纷起，叛乱不绝。关羽给他们印绶封号，作为军队分部。

眼看豫州将乱，曹操急忙从长安赶回洛阳，紧急讨论襄、樊问题，曹操甚至抛出议题：要不要将都城北迁，离关羽远点，避他锋芒？

两位年轻的谋士提出了反对意见，一个是司马懿，一个是蒋济。他们的观点相近，说：于禁、庞德被淹，是偶然事件，不是战术失误，国家战略形势并未因此恶化，如果这时迁都，就是向敌人示弱，会进一步动摇淮河、汉水一带军心民心。刘备、孙权看似融洽，其实内心隔阂很深。关羽得势，刘备坐大，不是孙权想要的结果。可以联合孙权，让孙权袭击关羽后方，襄、樊困局不攻自解。蒋济更是提出，承认孙权对江南割据的事实，孙权必然卖力。这个建议的要点在于看透了孙、刘联盟的本质。任何一方坐大，都会受到其他两方反制，这就是结盟的精要所在。所以，孙权不愿看到曹操强大，也不愿看到刘备强大。

曹操采纳了二人的建议，一方面派徐晃紧急救援襄、樊，一方面派使者到江东游说孙权。

计上计，谁的计赚了谁的计

    曹操在这件事上与孙权不谋而合，孙权很爽快地答应了双方的联盟。其实，曹操考虑联合孙权时，孙权正和吕蒙商议如何趁江陵和公安空虚，夺取南郡。

    此时鲁肃已经病逝，由吕蒙接替鲁肃，驻军荆州。吕蒙上书给孙权：关羽攻打襄、樊，江陵和公安还留有不少兵，这是提防我们袭击他的后方。我平时身体不好，打算以治病为由，回到建业。关羽听到这个消息，必定麻痹，就会令后方的守兵开赴前线。等到那时，我们从水路进军，乘其不备，袭取南郡。

    孙权称善，"批准"吕蒙到建业休假。到建业后，问吕蒙："谁可以接替将军？"吕蒙推荐了陆逊。

    陆逊，字伯言，吴郡吴县（今苏州吴中区）人。陆逊青年时是一介书生，以博览群书而闻名。当时任右部督尉，都督会稽、鄱阳、丹阳三郡。吕蒙回建业时，途经芜湖，陆逊前来拜见，对吕蒙说："关羽自负骁勇，骄横自大，当下正致力北伐，对我们没有戒心。他若是听到您病重，防备必然更加松懈，这正是我们出其不意谋取荆州的好时候。"吕蒙惊讶于他有这样的见识，于是力推陆逊接替自己。

    陆逊来到陆口，马上给关羽写了一封信，满纸都是恭维之词，表示自己仰慕已久,希望得到他的关照和教诲。最后,他提醒关羽在北伐战斗中提防援军,全力以赴。他写道:"曹操派徐晃率领少量军队增援,但他是个狡猾的人,恐怕暗中还会派更多的兵对付您。希望您越胜利越警惕,采取多方措施,争取全胜。我一介书生,才疏力短,行动迟缓,不能当此大任,幸亏与您为邻,希望得到您的庇护。我愿意倾诉我的肺腑之言,供您参考。"

这封信,明摆着诱导关羽把南郡防守兵力调往襄、樊,关羽从没听说过陆逊,根本不把他放在眼里,果然中计,加上襄、樊久攻不下,于是抽调后方兵力补充前线,南郡更加空虚。

孙权这边安排妥当,把准备进攻江陵、公安的消息透露给曹操,并嘱咐曹操不要向外泄露。

在孙权积极谋划关羽后方的时候,襄、樊局势对关羽也越来越不利。

徐晃救援襄、樊,考虑到徐晃带领的多为新兵,难与关羽争锋,曹操又派徐商、吕建领兵同他会合,一起进发。当时关羽的前部已经屯驻郾城(今河南漯河郾城区),徐晃假装要掐断蜀军后路,蜀军赶忙烧毁营寨,退回襄、樊。就这样,徐晃步步紧逼,一直把军队开到离关羽三丈远的地方,然后搭建营寨,驻扎下来。

徐晃部下建议抓紧时间进攻关羽,解襄、樊之围。以议郎身份参军的赵俨向大家解释:"敌人包围圈异常坚固,洪水也没有完全退去。我军势单力薄,和城里又不能协同作战,仓促救援必然导致失败。目前不如让先头部队逼近包围圈,想办法向曹仁通报消息,让他们知道援兵到来,以此激励将士。再有十数天,新的援军就会赶到,到时候里应外合,一定能击败敌人。如果有救援迟缓的责任,我愿意担当。"

赵俨这番话,完全体现了曹操的授意。原来,曹操曾打算亲征,后被桓阶劝阻,遂进驻到摩陂(今河南郏县境内),遥控指挥前线,不再向前。桓阶认为,应当暂缓救援曹仁,等待孙权从后方袭取关羽,这样不至于消耗自身力量。曹操听取了桓阶的建议,所以赵俨才敢承担责任,不急于作战。

董昭又向曹操提出建议，把孙权打算袭取南郡的消息故意透露给关羽。这样有两个好处：一是扰乱关羽军心，尽早解襄、樊之围；二是如果关羽提前撤兵，和东吴在南郡对垒，双方互相争斗，互相消耗，符合本方利益。曹操一方面想让孙权袭取关羽，但也不想让他太容易得手，最好双方能斗个两败俱伤。

这真是计上计，曹仁是蝉，关羽是螳螂，孙权想要做黄雀，螳螂捕蝉，不料黄雀在后，而曹操又要收渔翁之利。

于是曹操命令徐晃把孙权准备偷袭南郡的消息写下来，用箭分别射入关羽营中和襄、樊城中。

关羽读到消息，内心犹豫不定，但又不甘心这样撤退。举棋不定之际，曹军新的援兵又赶到了。徐晃不失时机，对关羽发动突然袭击，蜀军大败，损失惨重，投降关羽的胡修、傅方也被杀死。关羽无奈，只能撤掉樊城之围。

徐晃功高，曹操为他颁发了嘉奖令。

东吴方面，孙权任命吕蒙为大都督，率兵隐蔽前进，到达寻阳（今湖北黄梅县西南），把战船换成商船，将士身穿白衣，化装成商人，潜伏船中。一路进袭，驻守江边的蜀军哨卡，竟毫无知觉。

等到东吴大军兵临城下，如同天降，城中猝不及防，惊慌失措。公安守将士仁、江陵守将糜芳，因为供粮不及时，关羽扬言要治罪，心怀不满。如今东吴大军围城，二人都选择放弃抵抗，开城献降。

北面失利，南面失守，关羽走投无路，遂向西退守麦城（今湖北当阳境内）。曹操严令禁止追赶，等待孙权、关羽两相厮杀。果然，孙权派兵穷追猛打，最终杀死关羽以及关羽的儿子关平。

关羽被杀不久，孙权把他的首级献给曹操，以表示归附之意，同时试图转嫁矛盾，让刘备把怨恨的矛头指向曹操。曹操令人仿关羽体型雕塑一个木头身体，和头颅嫁接起来，以汉寿亭侯之礼安葬在洛阳城郊。

这样，原来刘备占领的南郡、零陵郡、武陵郡全部被孙权接收，孙、刘、曹三方疆域就此基本固定下来。

曹操解除了南方威胁，巩固了南部防线，也有收获。只有刘备，失去了荆州，折损了关羽，成为襄樊之战唯一失败者。更重要的是，诸葛亮在隆中时为刘备所做的规划："天下有变，则命一上将将荆州之军以向宛、洛，将军身率益州之众出于秦川，百姓孰敢不箪食壶浆以迎将军者乎？诚如是，则霸业可成，汉室可兴矣。"因为丢失了荆州，而失去了执行的前提条件。后来蜀汉伐魏，劳而无功，与丢失荆州有很大关系。

这一年，曹操六十五岁，是他生命中的最后一年，三国形势到这一年也大致有了结果。曹操与三国休戚相连，汉末乱世似乎是为曹操量身定做。

这一战，三国划定版图；这一战，是汉朝的最后一战；这一战，是曹操的落幕之战。

第十三章

从周公到周文王

权力嬗变的轨迹

从洛阳北部尉第一份正式官职起，曹操历经顿丘令、议郎、骑都尉、济南相、典军校尉，三度为官，两次回老家赋闲。曹操傲视权贵，敢言直谏，革除陈弊，并不贪恋权力，而是真心想为朝廷做点事情。

那些时候，曹操的志向是做好官，为国家建功立业。

建安十五年（210），汉献帝为曹操增加封地和人口，被曹操拒绝了，他写了一篇《让县自明本志令》，诏发全国。这篇《让县自明本志令》中，他表明自己的本志，反击了朝野的一些谤议。《让县自明本志令》叙述了曹操年轻时这段成长经历，说那时"欲望封侯作征西将军，然后题墓道言'汉故征西将军曹侯之墓'，此其志也。"这时，他的梦想是明朗的、坦荡的。

陈留起兵时，曹操虽然在社会上有点名气，但无官职，人马又少，唯一的资源是在军界和政界有几位朋友。他先是依附张邈，混进了军阀的圈子，接着依靠袁绍，有了东郡太守这个头衔，有了合法地盘。当然，朋友只是进阶的敲门砖，最为关键的是凭借自己的勇敢和智慧。跟张邈混时，盟军都在酒肉歌舞，他却孤军奋战，在汴水被打得落花流水。跟袁绍混时，他凭几千兵力大破黑山军十万人马，实力证明了自己。

东郡之后，他逐渐开始了独立自主的军阀生涯。先是被推举为兖州牧，然后经历朋友背叛，部下拆台，厮杀拼搏中在兖州站稳脚跟，数屠徐州，并挺进豫州。

曹操从天下大乱中认识到有兵有权的重要性，但他对兵、权的渴求，来源于挽救汉室将要倾颓的天下，恢复曾经的河清海晏，太平盛世。

那些时候，曹操的志向是做能臣，为汉室匡扶正义。

迎帝都许是他权力人生的重要台阶。在别人把皇帝当成包袱，弃皇帝如敝屣的时候，他站了出来，让皇帝不再过颠沛流离的生活。然后，奉天子以令不臣，收张绣、灭吕布、败袁术、驱刘备、战袁绍、定三桓，基本结束了二十年的战乱状态。这时候，曹操任司隶校尉、司空、录尚书事、行车骑将军，司空是地位和身份，录尚书事是行政权，司隶校尉是司法权，行车骑将军是军权，曹操集行政权、司法权、军权为一身，百官总己以听，大权在握，但总体上能忠君报国，心忧社稷。

那些时候，曹操的梦想是做功臣，为社稷整固天下。

《让县自明本志令》中说："设使国家无有孤，不知当几人称帝，几人称王！"虽然是自我表功，但也符合实情。诸侯中，他是汉室坚定的维护者，所以袁术称帝，因为"曹公尚在，未可也"。可见他的忠诚得到了对手的认可。对汉室，他"投死为国，以义灭身"，有着坚强的信念。至于不臣之心，不符合他一贯的思想，也没有条件、没有精力去考虑取代汉室。

这期间，发生了董承衣带诏事件。衣带诏事件扑朔迷离，确是汉献帝旨意抑或董承矫诏，已不得而知。董承是董卓旧属，献帝从长安东归，董承护卫有功，因此被封为列侯。后来董承女儿进宫，成为董贵人，董承也升任车骑将军、开府。献帝旧臣，曹操体系之外，只有董承还有些实力。所以衣带诏事件，也许是董承和曹操争权夺利，也许是献帝利用二人之间的矛盾削弱曹操力量，都有可能。值得注意的是，衣带诏事件发生在官渡之战前夕，朝廷旧官僚正是利用曹操"外患"之际，对他进行了一次政变。这次事件表明此时曹操的权力已经达到一手遮天，但朝中反对势力还很强，并不能为所欲为。曹操从投身为国到觊觎朝廷，有一个由微渐著的过程，其中衣带诏事件还不能表明这种转变已经形成，但肯定是逐渐转变的结果，同时又推动了转变的进程。

收服河北是曹操权力人生的转折。世事无常，人心易变，不是每一个人都能将最初的理想坚持到最后。官渡之战后，曹操已经是天下第一雄主。进入邺城，曹操想要有个属于自己的领地和空间，所以他领冀州牧，并且改革政制，重新设立丞相。丞相府有自己的官僚体系，几乎与朝廷重叠。曹操平日住在邺城，遥控许都，这样，全国又出现了一个影子政府。

曹操设立丞相的意图非常明显，那就是要从一个功臣转变为一个权臣。促使曹操做出这样转变的因素有两个：一是随着割据势力的减少，汉献帝的剩余价值越来越小，甚至沦为累赘。二是衣带诏事件提醒曹操，虽然大权在握，但他的身家性命并不安全，只有不断地扩张权力，才能获得更多的安全感。

那段时间，曹操的志向是做权臣，巩固自己的地位，保障自己的利益。

曹操权势熏天，但并不表明朝中势力就是铁板一块。投奔曹操的人士，有些是冲着曹操来的，有些是冲着汉室朝廷来的。随着曹操由谋天下向谋私利发展，一些忠于汉室的人士深为忧虑，并在一定程度上进行了抗争。

曹操领冀州牧后，有善于奉承的官员建议恢复古代的九州制。将全国十三州合并为九州，目的是扩大冀州地盘。据《禹贡》这本书记载，古时冀州包括汉代的冀州、并州、幽州及司隶部分地区。这个建议很对曹操的心思。荀彧赶忙劝阻："明公刚刚屠杀过邺城，四海震骇，都害怕保守不住自己的地盘，保护不了领地的士兵民众。现在若扩大冀州地盘，削减其他地方，必然造成人心震动，增添许多变故，天下就难统一了。建议明公先稳定河北，然后修复洛阳，向南征伐荆州，惩罚不臣服朝廷的势力。天下都知道明公的忠诚，人心就安定了。等到海内大定，再讨论恢复古制的问题，这样有利于社稷长治久安。"

曹操觉得有理，就把恢复九州的事搁置下来。但从这件事上，可以看出曹操已经开始有意识地扩张自己的势力，也可以看出，荀彧从本质上是忠于汉室的。

赤壁之战失败，朝野訾议曹操的言论活跃起来，周瑜说："曹操新败，忧在腹心。"道出了当时曹操的处境。如何引导舆论，让人们相信自己对汉室的忠诚？于是曹操写了《让县自明本志令》。

曹操的坦率与纠结

曹操在《让县自明本志令》中总结叙述了自己的功绩，表示"身为宰相，人臣之贵已极，意望已过矣"。确实，能做到丞相，完全不是年轻时曹操所能想象的。然而对此是不是已经满足，也未尽然。

针对朝廷内外"恐私心相评，言有不逊之志"，曹操予以回击。曹操历数历史上以大事小、以强事弱的事例，如齐桓公、晋文公"以其兵势广大，犹能奉事周室也"。特别是乐毅走赵，不忍图燕，蒙恬被杀，至死不叛，曹操说："孤每读此二人书，未尝不怆然流涕也。"

言外之意，曹操以自身的强大侍奉汉室的弱小，不是不能抛弃他，而是不愿。曹操以此表明对汉室的忠贞。

针对有人提出让他交出兵权，曹操回应："然欲孤便尔委捐所典兵众，以还执事，归就武平侯国，实不可也。何者？诚恐已离兵为人所祸也。既为子孙计，又己败则国家倾危，是以不得慕虚名而处实祸，此所不得为也。"翻译过来就是：然而要让我就此放弃所统领的军队，交还兵权，回到武平侯封国，确实是不行的。为什么呢？实在是担心离开军队会被别人所谋害。这既是为子孙考虑，又是因为自己败亡，国家就会有倾覆的危险，所以不能为了虚名而遭受实际的祸害，这也是迫不得已的。

曹操提到不能交出兵权的两点理由，一是为子孙考虑，实际上是担心子孙的安全。权臣一旦倒台，或者死后，株连九族的事例在历史上举不胜举，曹操这也是以史为鉴，这是私情。二是为国家考虑，国家有倾覆的危险，这是公义。曹操既谈到公义，又提到私情，写得坦率直白，不虚伪，不做作，也非常可信。仔细想来，这份私情和公义，一直纠结着曹操的后半生，抛弃汉室自立，于公义不符；毫无保留地尽忠汉室，于私情不忍。在这份政治纠结中，曹操选择不称帝，但不反对子孙称帝。

曹操在这篇《让县自明本志令》中，提到周公："所以勤勤恳恳叙心腹者，见周公有《金縢》之书以自明，恐人不信之故。"所以勤勤恳恳坦露心迹，是看到周公用《金縢》一文为自己申辩，恐怕别人不相信的缘故。

曹操曾经在诗文中多次以周公自比，如《苦寒行》中"悲彼《东山》诗，悠悠使我哀"，《短歌行》中"周公吐哺，天下归心"等。

周公，姓姬名旦，是周文王姬昌第四子，周武王姬发的弟弟，周成王姬诵的叔叔。因其采邑在周，爵为上公，故称周公。周武王在灭商后两年去世，天下尚不太平，而成王年幼，周公怕天下人背叛周，就摄政代替成王主持朝政。周公摄政期间，功绩卓著，《尚书·大传》概括为："一年救乱，二年克殷，三年践奄，四年建侯卫，五年营成周，六年制礼乐，七年致政成王。"救乱，指辅佐成王；克殷，指平定殷朝旧地的叛乱；践奄，指平定叛乱后，继续东征，把没有归顺的奄等五十多个小国灭掉，使周东部的疆域一直到达海边，《诗经·东山》一诗就是以此为背景；建侯卫，指实行分封制；营成周，指营建东都洛邑；制礼乐，指建立等级制度；致政成王，指还政于周成王。

周公摄政时，他的弟弟管叔、蔡叔散布流言，说周公欲取代成王，对成王不利。周公告诉朝中大臣太公望、召公奭说："成王年幼，我是为了周的稳定，才这样做的。"

《金縢》是《尚书》中的一篇，记述武王病时，周公作祷文向神灵祭告，请求代武王死，祭告完毕用金属做的柜将祷文锁了起来。管叔、蔡叔诽谤周公篡位时，成王起疑，周公避祸住在东都。后来成王见到金縢里的祷文，意识到自己错了，亲自迎回周公。

唐代白居易有诗："周公恐惧流言日，王莽谦恭未篡时。向使当初身便死，一生真伪复谁知。"说的就是流言诽谤，周公恐惧，如果当时去世了，一生忠奸真伪没有人能够说得清楚。

曹操以周公自比，说明自己辅佐汉献帝也是真心的。如今"私心相评，言有不逊之志"，和周公遭遇流言诽谤相仿，只有金縢开启之时，才能让大家明白自己的心迹。

曹操虽然以周公自比，但始终不愿还政于汉献帝，反而随着年龄的增长，更加急迫地攫取更大的权力。就在他"让县明志"后不久，建安十七年（212）正月，献帝下诏，准许曹操"赞拜不名、入朝不趋、剑履上殿"，就是觐见皇帝时，司仪官只称他的官职，不称名字，他不必小步向前疾走，可以大摇大摆、佩剑穿鞋上殿。曹操还扩大了邺城所在魏郡的辖区，把周边河内、东郡、巨鹿、广平、赵国等几个郡国的辖县割让于魏郡。

同年十月，谏议大夫董昭秉承曹操的意思，在朝中提议晋封曹操为"公爵"。董昭说：自古以来，作为人臣拯救乱世，没有曹公这么大功业的。有这么大功业的，没有长时间处在臣子位子上的。曹公德行比伊尹、周公更美，达到了品德的极致。当今民众难以治理，处在大臣的位子上，难免被人怀疑、非议，这是需要认真考虑的。然后董昭建议，应该给曹操土地和人口，建立自己的国家，晋爵国公，加封九锡。

按照古代的爵位制度，最高的是王，其次为公、侯、伯、子、男。至汉代，王位一般只有皇族才能受封，侯爵越来越复杂，而其他爵位绝少。三国东吴史学家韦昭曾说："汉封功臣，大者王，小者侯也。"整个汉代，只有孔子与周公苗裔、东汉初皇子晋公爵，其他没有封公的。连王莽也只是封侯。现在曹操重新拾起公爵的称号，就是要建立一个完整的封国体系。

九锡，现代是指皇帝赐给有特殊功勋的诸侯、大臣九种礼器。这些礼器分别为车马、衣服、乐县、朱户、纳陛、虎贲、斧钺、弓矢、秬鬯。这些礼器没有太多实用价值，但在规格上只有皇帝才能使用，更多是象征意义，表示特殊的礼遇。

曹操欲晋爵国公，加封九锡，交给朝臣们讨论时，荀彧提出异议。荀彧说曹公"本兴义兵以匡朝宁国，秉忠贞之诚，守退让之实；君子爱人以德，不宜如此"。荀彧是曹操最大的谋主，曹操征战在外，荀彧守卫在许都，是朝中仅次于曹操的实权派，荀彧的意见曹操不能不斟酌。于是，曹操搁置了晋国公加九锡的提议，但至此对荀彧耿耿于怀。

建国晋爵的步伐快马加鞭

曹操想要恢复九州的古制，荀彧以影响天下稳定为理由反对，曹操勉强还能够接受。这次讨论晋爵加封，荀彧从道德上给曹操划出界线，这是曹操不能容忍的。由此可见，荀彧与曹操虽然互相欣赏，但在如何对待汉室这个大是大非的问题上，二人的立场是截然不同的。

或者说，荀彧从来都不是曹操的臣子，他始终是汉朝廷的臣子。两个人在同一条道路上携手行进一段后，到了岔路口，只能分道扬镳。

但曹操绝对不会因为友情而放弃自己的目标。他必须搬开荀彧这块绊脚石。荀彧在朝中威望很高，为了减小阻力，曹操决定在军中处理掉荀彧。

建安十七年（212），曹操征伐孙权时，行军到谯县附近，表请荀彧前去慰劳军队。荀彧到达后，曹操又找个借口，强行把荀彧留在军中。曹操向献帝上表，大意说军中需要地位高的大臣来宣示君王的命令，用声威使敌人降服，荀彧是最适合的人选，因为军队行动迅速，来不及请示，就直接把荀彧留了下来。

把荀彧留在军中，事实上搁置了他在朝廷的工作，把他直接控制在掌中。

荀彧随军还没有来到濡须口，就生病了，留在了寿春。过了几天，曹操送来一个食品盒，慰问病情，可是打开一看，是空的。荀彧明白了曹操的用意，于是服毒自杀，终年五十岁。

孔子曰："五十而知天命。"荀彧知天命，也知人事。与其说曹操逼死了荀彧，不如说荀彧杀死了自己。他无法眼睁睁地看着理想崩塌，做不到若无其事地背叛，难以忍受脱下汉服又食魏粟的心理愧疚，除了殉葬，别无选择。他不能直面勠力同心的战友背弃初心，做不到随波逐流，又难以割裂过去，除了死，无法了断。

荀彧死了，为理想而死，为信仰而死，为忠诚而死。虽然他的死丝毫无法阻止一个王朝的覆灭，但仍然赢得了人们的尊重。司马懿说："吾自耳目所从闻见，逮百数十年间，贤才未有及荀令君者也。"钟繇说："颜子既没，能备九德，不贰其过，唯荀彧然。"傅子说："荀令君仁以立德，明以举贤，行无诡赎，谋能应机。"

他就是一块白华贞玉，找不到半点瑕疵，唯有粉碎，能够成全他的节操之美。

搬开了绊脚石，曹操在攫取权力的道路上终于可以为所欲为。

建安十八年（213）正月，献帝下诏将天下十三个州合并为九个州，撤销司隶、幽州、并州、交州，所属郡县划归邻州。其中幽州、并州划归冀州，曹操统领的地盘大幅增加。

五月，汉献帝下达了对曹操封官授爵的册命。册命在列举了曹操的功绩后，以冀州河东、河内、魏郡、赵国、中山、常山、巨鹿、安定、甘陵、平原十郡置魏国，册封曹操为魏公，加九锡，仍以丞相领冀州牧。

册命完全体现了曹操的意图，但曹操还要表示谦让，先后写《让九锡表》《辞九锡令》，不肯接受。荀攸、钟繇、毛玠、夏侯惇、程昱、贾诩、董昭、曹洪、曹仁以及王粲、杜袭等心腹大臣，联名劝进，如此三番表演之后，曹操终于接受了册命。

魏国正式立国，都城为邺。国内设立宗庙、社稷、祭祀等，还建立了一整套政府官僚机构，包括尚书、侍中、六卿、五曹等，大部分官员名称跟朝廷相同。曹操从汉朝廷里"挖墙脚"，把汉朝廷的官员调整到魏国担任官职。任命荀攸为尚书令，凉茂为仆射，毛玠、崔琰、何夔、常林、徐奕为五曹尚书；杜袭、卫觊、王粲、和洽为侍中，钟繇为大理，王修为大司农，袁涣为郎中令行御史大夫，陈群为御史中丞，王朗领魏郡太守。

这样一来，汉朝廷越发成了空架子，许都除了皇帝的宫殿，其余都七零八落。

这一年，曹操还把自己的三个女儿曹宪、曹节、曹华一起送入宫中，成为汉献帝的妃子。献帝在许都，形同幽禁，只有外戚能够信赖和依仗。曹氏入宫后，献帝连最后一道资源也掌控在曹操手中了。当然，从另一方面看，曹操对献帝本人一直还是不错的，即使曹丕称帝后，对献帝也有优待。

建立魏国，标志着曹操对待汉室的态度发生了质的变化。但是，曹操的步伐依然没有停止，随着年龄的增长，反而越发紧迫。

建安十九年（214）正月，曹操行天子仪式，开籍田。籍田是古代孟春正月，春耕之前，天子率诸侯亲自耕田的典礼。

三月，献帝宣布魏公位在诸侯王之上，改授只有诸侯王才能配用的金玺、赤绂、远游冠。金玺是用金子铸成的印玺，赤绂是红色绶带，远游冠是一种帽子的名称。

十二月，献帝诏命曹操设置"旄头"，宫殿设置"钟虡"。旄头是仪仗中担任先驱的骑兵，钟虡是以猛兽形象装饰的悬挂乐钟的格架，这些都是只有皇帝才能够配享的。

这一年，还发生了一件大事，汉献帝的皇后伏寿被幽杀，献帝立曹操次女曹节为皇后。

曹操诛杀董承时，伏皇后目睹董贵人被杀的场景，非常恐惧，给父亲伏完写信，希望父亲秘密除掉曹操，但伏完至死不敢动手。

后来，伏皇后的信落入曹操手中，曹操逼献帝废伏皇后，又让接替荀彧担任尚书令的华歆作为御史大夫郗虑的副手，领兵入宫逮捕伏皇后。伏皇后紧闭宫门，躲在墙壁的夹层中。华歆劈开宫门，拆掉夹墙，粗暴地将伏皇后拽出。

当时献帝在外殿，郗虑坐在他身旁。伏皇后披散着头发，光着脚，流着泪经过献帝面前时说："不能救救我吗？"献帝也流着泪说："我也不知道自己能活到什么时候呀！"回头望着郗虑说："郗公！天下竟有这样的事情吗？"郗虑默不作声。

伏皇后在掖庭被幽禁去世，所生的两位皇子也被毒杀。伏氏宗族被株连一百多人，男人被处死，女人被流放。

建安二十年（215）九月，献帝授予曹操分封诸侯，任命太守、国相的权力。

建安二十一年（216）五月，献帝正式晋爵曹操为魏王，其他待遇不变。

建安二十二年（217）四月，献帝诏令魏王设天子旌旗，出入称警跸。帝王出入时，所经路途侍卫警戒，清道止行，谓之警跸。

十月，献帝诏令魏王可以戴挂有十二旒的天子冕，用天子法驾，乘金根车，驾六马，以御天下。

至此，曹操的权力已经登峰造极，只差皇帝的一个名号而已。

两年后，孙权遣使入贡，并劝曹操取代汉朝自己做皇帝。曹操拒绝了孙权，说："若天命在吾，吾为周文王矣。"

周文王，名姬昌，是周朝的奠基者，他的儿子周武王灭殷商，做了天子，追封他为文王。曹操的意思很明确，自己没有篡汉的打算，但不反对儿孙们这样做。

从自比周公，甘心辅佐天子，成就美名，到愿意做周文王，为儿孙篡汉扫清障碍，打下基础。曹操，终于没有能抗拒住权力和皇位的诱惑。

不是每个人都能将理想坚持到最后。萧瑟秋风今又是，换了人间。

妻妾成群和儿孙满堂

国家建立起来后，接着而来的就是接班人问题。曹操封魏王时六十二岁，按那个时候人的寿命，已经属于高龄，选择太子的问题尤显迫切。

曹操一生妻妾众多，仅正史记载有姓氏的，就有十五个之多。

嫡妻丁夫人，无子。她的侍女刘夫人为曹操生子曹昂后不久病亡。丁夫人把曹昂抚养大，视为己出。曹昂在宛城战死，丁夫人伤心过度，回到娘家。曹操没有办法，跟丁夫人离婚。

续妻卞夫人，原为倡家，家庭世代以唱歌跳舞为营生，地位很低。曹操辞去东郡太守，回家赋闲时，在谯县城东盖了座别墅，读书狩猎，声色歌舞。正是这个时候，他认识了卞氏，纳他为妾。当时卞氏近二十岁，在汉代算是大龄女子了，但她才色过人，性情温顺，又善于察言观色，举止得体，所以曹操还是迷上了她。众妻妾中，卞氏陪伴他时间最长，曹操进入西园新军时，把她带到洛阳，以后行军打仗经常带在身边，料理生活。

董卓乱政时，曹操只身逃走。不久，袁术带来消息，说曹操死于非命。跟随曹操在洛阳的部下、家丁都打算辞别回老家去。这时候，卞氏挺身而出，劝他们说："曹君现在是吉是凶还说不定，你们今天回到乡里，明天曹君如果平安归来，你们有什么面目见他？即使真的有灾祸，一起死又有何妨！"大家觉得有理，都愿意服从她的安排。曹操听到这事，对她赞赏有加。

与丁夫人离异后，曹操将卞氏扶正，成为卞夫人。

卞夫人生有四个儿子：曹丕、曹彰、曹植、曹熊。曹昂死后，曹丕年龄最长。

曹操对女人的出身不太挑剔，只看姿色。他的姜中，有很多已经嫁为人妻，因为丈夫离世或者战败，被他收纳。

尹氏，原为大将军何进的儿媳妇，丈夫早逝，留下一个儿子何晏。曹操做司空的时候，不但娶了尹氏，而且收何晏为养子。

最具故事性的数杜氏。杜氏原为吕布部将秦宜禄之妻，秦宜禄后来到袁术手下做官，把杜氏留在下邳。曹操攻打吕布时，关羽正在曹操军中效力。关羽向曹操请求：城破之后将杜氏赏赐给他为妾，曹操答应了。到了城门下，关羽怕曹操忘记，又去请求。曹操纳闷，疑心杜氏十分美貌。等到城破，曹操派人把杜氏召来，果然有异色，就顾不上对关羽的承诺，自己将杜氏留了下来。这件事让关羽对曹操很不满。

曹操的其他妾室还有环氏、秦氏、陈氏、孙氏、李氏等。

曹操十五个妻妾为他生了二十五个儿子。其中名气较大的有：曹昂、曹丕、曹彰、曹植、曹冲、曹宇、曹衮、曹彪等。

曹彰，字子文，是卞夫人的第二个儿子，因胡须黄色，被曹操称为"黄须儿"。曹彰是少文尚武，善于射箭、驾车，臂力过人，徒手能与猛兽格斗，是一员猛将。曹操有一次问儿子们的志向，曹彰说："好为将。"曹操又问："做将军干什么呢？"曹彰回答说："披坚执锐，临难不顾，为士卒先，赏必行，罚必信。"曹操大笑。

建安二十三年（218），曹彰为将，征伐代北乌桓，取得胜利，曹操高兴地夸他："黄须儿居然大不简单！"

曹操在世时，曹彰封鄢陵侯，曹丕即皇帝位，封任城王。黄初四年（223），曹彰暴毙于洛阳自己的家中。

曹冲，字仓舒，环夫人所生。曹冲十分聪明，是有名的神童。"曹冲称象"和"智救仓吏"的故事广为流传。

孙权进贡过来一只大象，曹操想知道它的重量，但没有人能想出办法称量。曹冲说："把大象赶到船上，刻下船吃水的位置。然后把象牵下来，装上石块，水位到达同样刻度时，石块的重量就是大象的重量。"这是一个等量代换的办法，一个孩童能想出来，确实不容易。

　　曹操的马鞍在仓库里被老鼠咬啮，管理仓库的吏役担心被处死。曹冲想要救仓吏，于是拿刀子把自己的衣服戳烂，就像老鼠咬过的样子。曹冲去见曹操，说："民间风俗认为被老鼠咬了衣服，不吉利，所以很难过。"曹操说："那是瞎说的，不用苦恼。"过了两天，仓吏来报告马鞍被咬的事，曹操说："我儿子的衣服尚且被咬，何况挂在柱子上的马鞍呢！"于是免除了对仓吏的责罚。

　　当时实行严苛峻法，曹冲经常委婉含蓄地替人申辩，有数十人因此获得宽大处理。曹冲既聪明，又仁爱，还有见识，曹操非常喜欢他。可惜，上天嫉妒曹冲这样的才德，建安十三年（208），曹冲因病夭折，年仅十三岁。

　　曹操本不信命，但曹冲重病时，曹操亲自为他祈祷，并且非常后悔杀死华佗，说："吾悔杀华佗，令此儿强死也。"那时，华佗刚刚被杀两三个月。

　　曹宇，字彭祖，环夫人所生，曹冲的弟弟，爵封燕王。曹宇和曹丕的儿子魏明帝曹叡年龄相仿。曹叡即位后宠信曹宇，去世前封曹宇为大将军，打算让曹宇辅政，后听信谗言，改变了主意，同时免去曹宇的官职。曹宇的儿子曹奂为曹魏最后一位皇帝，即魏元帝。

　　曹衮为杜夫人所生，先后被封为平乡侯、东乡侯、赞侯、赞公、北海王、赞王、濮阳王、中山王。曹衮继承了曹操爱好文艺的一面，喜欢读书作文。曹衮兴趣高雅，为人恬淡，又谨慎怕事。负责监察王侯的官员把他的美德报告上去，曹衮惊惧地说："提高修养，坚守贞操，是普通人的行为，但各位却报告给皇上，这恰恰为我增加了负担。并且如果有美德，何必担心别人不知道，你们一起向上报告，对我一点好处也没有。"曹衮崇尚节俭，妻妾们亲手纺线织补，成为日常的家务。

曹彪，字朱虎，先后被封为寿春侯、汝阳公、弋阳王、吴王、寿春王、白马王、楚王。曹芳嘉平三年（251），王凌等人反对司马懿当政，密谋立曹彪为帝，事败，曹彪被赐死，享年五十七岁。

曹彪与曹植交好，曹植写过一首《赠白马王彪》的长诗。黄初四年（223）七月，曹植和曹彰、曹彪按规定一起到京师洛阳参加迎接立秋的活动，称为"会节气"，其间曹彰暴死，传说为曹丕所害。诸侯王返回封地时，只剩下曹植、曹彪二人，曹植非常难过，在和曹彪分手时写下千古名诗《赠白马王彪》。诗歌悼念任城王曹彰，叙述路途的艰难，描绘初秋的萧条，感叹人生短暂，抒发离别凄苦。诗歌忧伤慷慨，苍凉悲愤，结语"变故在斯须，百年谁能持？离别永无会，执手将何时？王其爱玉体，俱享黄发期。收泪即长路，援笔从此辞。"表现了两人的深情厚谊。

兄弟对不起

对于继承人，曾经有四个人进入过曹操的视野：曹昂、曹丕、曹植、曹冲。

如果曹昂不死，这是个不需要太考虑的问题。曹昂年龄最长，嫡母视为己出，基本符合"立长"和"立嫡"的原则。他二十岁时被举孝廉，品行好，这在阵亡前让马给曹操能够得到证明。他随父出征，有行伍经验，有武略。曹操十分喜欢曹昂，临终前还惦记着丁夫人和曹昂："假令死而有灵，子修若问'我母所在'，我将何辞以答！"可见对曹昂的重视。曹昂若在，没有理由另选接班人。连曹丕都承认："家兄孝廉，自其分也。"

曹冲虽然年幼，也曾被曹操考虑过立为接班人。

曹冲夭亡时，曹操哀伤过度，对曹丕说："这是我的不幸，却是你们的大幸。"可见他确实曾经考虑过立曹冲为嗣。另外一个证据是，荆州有位神童周不疑，和曹冲关系很好，曹操也很喜爱他。这位周不疑文采好，有一次京城人见到白色的雀，人们认为这是祥瑞之兆，文人们纷纷作诗献赋，借此歌咏曹操的功德。曹操让周不疑也作一篇，周不疑立挥而就。周不疑还有军事才能，曹操征伐乌桓到柳城，担心兵少将寡，难以克敌，周不疑献上十条计策，帮助曹操顺利攻下柳城。这个传说记述在隋人虞世南编的《北堂书钞》中，不过细究起来，颇为可疑。曹操千里北上征伐乌桓在建安十二年（207），当时周不疑才十六岁，又不是曹操特别亲近的人，随军北征的可能性微乎其微。曹操还打算招周不疑为女婿，被周不疑婉拒了。曹冲夭亡后，曹操让人把周不疑杀了，曹丕为他求情，曹操说："这个人不是你能够驾驭的。"言外之意，曹丕的才能远不及曹冲。

曹丕同样承认曹冲可能为嗣这个事实，他说："若使仓舒在，我亦无天下。"

然而曹冲早夭，病逝时曹操还是武平侯，事实上不具备争夺太子的可能性。

对太子宝座的争夺在曹丕和曹植两兄弟间进行。曹丕和曹植一母同胞，然而，在争夺大位这个"大是大非"的问题上，只能说声"兄弟对不起"。

曹丕，字子恒，可谓文武双全。他天资聪慧，广学博览，"少诵诗、论，及长而备历五经、四部、史、汉、诸子百家之言，靡不毕览"。同时，他六岁学会射箭，八岁学会骑马，年长一些又跟着著名剑客史阿学剑。在一次酒席宴间，曹丕手持甘蔗，与将军邓展比试，结果三次击中邓展手臂。邓展不服，再比，曹丕又击中其脑门。

曹丕是建安文学的领军人物，擅长五、七言古诗。他的诗歌语言绮丽工练，抒情深婉细腻，风格纤丽清新，代表作品《燕歌行》，写于曹操征三郡乌桓期间，是我国文学史上第一首完整的七言诗。他还是诗评家，写过《典论·论文》，是中国最早的文学理论与批评著作，"建安七子"的概念就是在这本书中提出来的。

曹丕十岁开始随父亲征战南北，宛城之变中，他凭借机警和善骑，在混战中突出重围。征战河北，攻打刘表，军队中都有他的身影，虽然没有多少战功，但写下不少诗篇记述了这些军事活动。

曹植，字子建，十岁能诵《诗经》《论语》及先秦两汉辞赋，诸子百家也广泛涉猎。他思路敏捷，常常脱口成章，文采风流胜过曹丕。十五岁第一次随父出征，十六岁随行远征乌桓，参加过赤壁之战。随军乌桓的路上，写下著名诗篇《白马篇》，曰：

白马饰金羁，连翩西北驰。

借问谁家子？幽并游侠儿。

少小去乡邑，扬声沙漠垂。

宿昔秉良弓，楛矢何参差！

控弦破左的，右发摧月支。

仰手接飞猱，俯身散马蹄。

狡捷过猴猿，勇剽若豹螭。

边城多警急，虏骑数迁移。

羽檄从北来，厉马登高堤。

长驱蹈匈奴，左顾凌鲜卑。

弃身锋刃端，性命安可怀？

父母且不顾，何言子与妻？

名编壮士籍，不得中顾私。

捐躯赴国难，视死忽如归。

诗中塑造了一个武艺精熟的侠士形象，歌颂了他的视死如归、敢于献身的高尚精神，表达了自己捐躯赴难、建功立业的强烈愿望。诗歌慷慨激昂、高迈不凡，恰似曹植的卓尔不群，是唐朝边塞诗的滥觞。

曹丕、曹植兄弟二人都很优秀，按照长幼顺序，无疑应该立曹丕为太子。但曹植聪慧敏捷，性情坦率自然，不讲究仪表威严，车马服饰，不追求华艳富丽，每次陈述回答问题，都能应声而对。这和曹操的性情很像，曹操对曹植倾注了更多的爱心，认为曹植是所有儿子中最能成大事的。所以，在选择继承人上长期犹豫不决。

兄弟二人也暗中较劲，在几个方面展开了针锋相对的竞争。

最初曹植占有一些优势。譬如铜雀台建成，两人同题作《登台赋》，曹植略加思索，一挥而就，文章既快又好，比曹丕更胜一筹，曹操非常满意。

曹操甚至怀疑曹植的一些诗文是请人所作，曹植说："言出为文，下笔成章，何必要请人代笔呢？"曹操喜爱曹植，与曹植文采华美有很大关系。

然而，曹植行事任性，不懂得掩饰自己，饮酒没有节制。曹仁被关羽围困在襄阳、樊城，曹操任命曹植为南中郎将，行征虏将军，带兵去救曹仁，怕他误事，还特意招来告诫一番。谁知第二天曹植竟酩酊大醉，不能成行，令曹操非常失望。这虽然是确立太子以后的事情，但可以看出曹植放浪形骸，醉酒误事，让曹操很不放心。

曹丕则工于心计，掩饰真情，运用权术想方设法讨好曹操。

有一次曹操出征，曹丕、曹植送行。曹植出口成章，为曹操歌功颂德，曹操很受感动。曹丕才不及弟弟，大为失落。他的心腹吴质悄悄对他说："王当行，流涕可也。"曹丕于是泪流满面，做出一副依依不舍的样子。曹操和同行的人都觉得曹植虽文辞华丽，但诚心不及曹丕。

还有一次，曹丕找吴质商议对策，但吴质无法进宫，就躲在竹篓里，放在运送垃圾的车上混进了宫中。曹植的谋士杨修知道这事后，报告给曹操，曹丕非常害怕，吴质说："无妨，明天放些绸缎在竹篓里。"第二天，车子进宫，曹操派人检查，果然没有人。曹操疑心杨修心术不正，诬告曹丕。

建安十六年（211），曹植被封为平原侯，但曹丕并未得封，而是被任命为五官中郎将，行使副丞相职权。看似曹植享受了更好的待遇，实际上曹操赋予曹丕更多的行政权力，意味着曹丕将被作为接班人进行培养。

至此，曹操征战在外，大部分时间由曹丕留守邺城，成为后方的总负责人。

曹丕也确实表现出不俗的政治军事才能。

曹丕任五官中郎将不久，曹操西征马超、韩遂。这时，河间郡田银、苏伯发起民变，曹丕立即派将军贾信率兵讨伐，很快平息了这次叛乱，俘虏了数千人。有人建议依照曹操旧例，杀掉这些俘虏，程昱认为不可，说："过去天下纷乱，杀掉失败后投降的人，起到震慑作用。现在天下初定，杀了他们没有什么意义。"并建议请示曹操。曹丕觉得曹操还在关中，战争的事不妨先斩后奏。程昱说："战争已经结束，处理俘虏不是紧迫的事，应当奏请曹操裁决。"事后曹操对程昱和曹丕处理事情都很满意。

令曹操下定决心放弃曹植的，是"司马门事件"。

司马门是邺城宫殿的正门，规定只有曹操或者重大庆典时才能够通行。一次，曹操不在邺城，曹植酒醉后，坐着王室的车，强行打开司马门，在宫殿的禁道上纵情驰骋。曹操得知后，大怒，处死掌管王室车马的公车令，从此对曹植更加冷落。

曹操就太子事征求几个心腹的意见，问贾诩时，贾诩许久不应答。曹操问："你在想什么呢?"贾诩回答："我在想袁本初和刘景升的家事。"

袁绍和刘表都是立幼不立长，因此产生内斗。贾诩在用袁绍和刘表的教训提醒曹操。

曹操终于下定决心，于建安二十二年（217）立曹丕为魏国太子。

这不是两个人的战争

太子在两个人之间产生，太子之争绝不是两个人之间的战争！他们两人身边各自聚集了一些大臣，为他们出谋划策，发展势力。

围绕在曹丕身边的有吴质、陈群、司马懿、朱铄等，合称"四友"。所谓"四友"，他们四人关系并不融洽，但都是曹丕僚属，和曹丕走得很近，充当曹丕智囊，他们是曹丕的四位朋友，但他们之间并不是朋友。除此之外，朝中大臣也大多支持曹丕，如曹操曾秘密向几位心腹大臣征求意见，除中尉杨俊外，贾诩、崔琰、毛玠、邢颙、桓阶都旗帜鲜明地反对废长立幼。

围绕在曹植身边的谋士和大臣有丁仪、丁廙、杨修等。

丁仪，字正礼，沛国人。丁仪的父亲和曹操交好，曹操有意将长女清河公主嫁于丁仪，曹丕以丁仪有眼疾为由，搅黄了婚事，说服父亲将女儿嫁于夏侯惇的儿子夏侯楙。丁仪从此与曹丕结下梁子，一心一意辅助曹植。曹操很欣赏丁仪的才华，后悔没有把爱女嫁给他，叹息道："丁仪的确是不可多得的才俊，就算两只眼睛都瞎了，也应该把女儿嫁给他。"并且埋怨曹丕坏了女儿的婚姻大事。

丁廙是丁仪的弟弟，字敬礼，为黄门侍郎。丁氏兄弟利用经常接近曹操的机会，劝曹操立曹植为太子，曹操几次表示认同他们的建议，但最终还是放弃了曹植。

杨修，字德祖，司隶部弘农郡华阴（今陕西华阴）人，出身于名门望族"弘农杨氏"。杨修的父亲是曾被曹操打入大狱的杨彪，在朝中任三公，很有威望。杨修则学问渊博，极其聪慧。杨修曾随从曹操过曹娥碑下，碑背上写有"黄绢幼妇，外孙齑臼"八字。曹操问杨修："解出什么意思了吗？"杨修答："解出了。"曹操说："你先不要说出来，让我想想。"走了三十里路，曹操说："我解出来了。"然后两个人分别把答案写出来，一对照，一模一样，都是"绝妙好辞"。杨修解释道："黄绢，色丝也，于字为'绝'。幼妇，少女也，于字为'妙'。外孙，女子也，于字为'好'。齑臼，受辛也，于字为'辤'，所谓'绝妙好辤'也。"曹操佩服地说："我的才能赶不上你，竟然想了三十里。"谜语中，"齑"指的是葱、姜、蒜等辛辣调味品，"臼"是舂米的器具，"齑臼"合起来就是用来接受辛辣调料的器皿。"辤"是"辞"的异体字。这个段子出自《世说新语》，但并不可靠。据其他资料，曹娥为今绍兴人，曹娥碑为王羲之所书，曹操和杨修不可能见到曹娥碑。

既然选择了曹丕，为了日后江山稳固，就不能允许曹植坐大，曹操决心剪除曹植势力。

先是挑毛病打压曹植和他的党羽。曹操生性简朴，常常穿着带补丁的衣服，他要求家里人不准奢华。曹植的妻子崔氏穿着华丽的衣服到铜雀台，曹操见到后，认为"违制命"，回家后把她杀了。曹操有时候虽然嗜杀，但从没有杀自己家人的记载，相反，在家庭生活中表现出很多柔情。这次因为穿件华丽衣服而杀掉儿媳，绝不是因为奢华这样简单。何谓"违制命"？就是违反了规章制度。什么制度？过于奢华，虽然属于违反家规，但罪不至死。穿着上僭越了她自己的身份，过于张扬高调，这才是"违制命"的真正原因。她不是太子妃，只能穿普通的、不显眼的衣服。

确立太子不久，曹操又找借口把杨修杀了。曹植党羽中，杨修最有才华，所以首先要剪除杨修。杀杨修的罪名有二：一是"前后漏泄言教"，就是爱揣度圣意，泄露曹操的意图，譬如"鸡肋"事件。二是"交关诸侯"，明指和曹植走得太近。

杨修死时，其父亲杨彪已经七十八岁。曹操知道杀害杨修过于残忍，但又不得不杀，所以经常给杨彪送去些礼物，并写信表示关心，以慰藉杨彪的舐犊之爱。

杀杨修只是剪除曹植党羽的开始，但杨修死后不足百日，曹操就病故了。曹丕上台后，杀了丁仪、丁廙兄弟和他们家里所有的男丁。

不仅曹植的心腹党羽遭到剪除，实际上，只要卷入立嗣事件，稍有不慎就会引来杀身之祸。

崔琰，字季珪，清河东武城（今河北故城县）人。崔琰为人正直，性格朴实，在朝廷中有很高的人望。建安二十一年（216），确定太子的前一年，杨训上表称赞曹操的盛德。有人批评杨训虚伪迎合，崔琰写信给杨训说："时乎时乎，会当有变时。"就是说随着时间的推移，那些批评你的情况也会发生变化。曹操却解读为"随着时间的推移，曹操掌权的形势会发生变化"，认为这是对自己的怨恨诅咒，以莫须有的罪名赐死崔琰。毛玠为崔琰求情，竟也被下狱。

后世认为，曹操如此坚决地处死崔琰，大概与立嗣问题有关。曹操曾密函征求崔琰的看法，崔琰为了表示光明磊落，回信时故意不封口，泄露了确立太子的有关信息，这让曹操很不满意。立太子是很敏感的事情，处理不好就会犯忌，并且惩罚起来毫不留情。

当然，通过杀崔琰打压过于膨胀的士族势力，也是曹操的考虑之一。

曹丕得立太子后，得意忘形，竟抱着议郎辛毗的脖子说："辛君知我喜不？"辛毗把这件事告诉了自己的女儿辛宪英，辛宪英是位很有见识的才女，说："太子代理君王侍奉宗庙社稷，不可以不忧心天下，主持国事不可以不小心谨慎，应该忧心的时候反而喜悦，怎么会长久呢？魏国又怎能昌盛？"

争夺太子，改变了人的本性，甚至不惜让宝座沾满鲜血。

曹丕称帝后，曹魏仅四十六年而亡，辛宪英见识深远矣。

最后时刻的柔软情怀

建安二十五年（220）正月二十三日，曹操在洛阳病逝，终年六十六岁。

曹操去世前两年，曾经就自己的墓地做过安排，为此还专门发布了一篇《终令》：

> 古之葬者，必居瘠薄之地。其规西门豹祠西原上为寿陵，因高为基，不封不树。《周礼》冢人掌公墓之地，凡诸侯居左右以前，卿大夫居后。汉制亦谓之陪陵。其公卿大臣列将有功者，宜陪寿陵。其广为兆域，使足相容。

大意是：自古选择墓地，要选择贫瘠的土地。我在西门豹祠堂的西边高地上已经规划了陵墓。陵墓所在地已经很高了，落墓之后，不要起土堆，不要种树木，不要做标志。按《周礼》的规矩，诸侯应该葬在左右靠前的位置，卿大夫葬在后面。汉朝制度也叫作陪陵。凡公卿大臣和各位将领有功的，都应在寿陵陪葬。要扩大墓地的范围，使它能够容纳得下。

这篇《终令》主要是交代墓地的。从中可以看出，曹操对墓地的要求，体现了低调、节俭、简单、宽敞等几个特点，符合他生前的秉性、道德品质。曹操还特意指出墓地在西门豹祠堂旁边，这绝不仅仅是标注位置，而是强调与贤者为邻，墓地才有德气，有贵气，表明曹操一生追求贤德的品质，或者希望得到西门豹这样有贤德的人辅助。西门豹是战国初魏国邺令，在位时将邺县治理得繁荣富裕，深得民众爱戴。

曹操还有一份《遗令》，据分析是从不同史料中摘录拼接而成，语言有不连贯之处，可以分开解读。

其一：吾死之后，持大服如存时，勿遗。百官当临殿中者，十五举音，葬毕皆除服。其将兵屯戍者，皆不得离屯部，有司各率乃职。殓以时服，葬于邺之西冈上，与西门豹祠相近，无藏金玉珍宝。

这一段与《终令》一脉相承，交代的是丧葬事宜。死后，给尸体穿衣服，要像活着的时候一样，陪葬不要金玉珠宝。曹操生前穿着简朴节约，反对奢华浪费，他自己说"吾衣被皆十岁也，岁岁解浣补纳之耳"。衣服被褥都使用十年以上，每年拆洗缝补之后接着使用。他不摆阔气，不允许衣服上有何刺绣修饰。他写过《度关山》一诗，说："侈恶之大，俭为共德。"他把奢侈当成最大的罪恶，把俭朴当成公认的美德。

接着交代葬礼后百官应脱掉葬礼服，带兵守边的将士不得离开驻地，官吏们要各司其职，不能借机不上班。这样的安排井井有条，体现了政治家的成熟与节制。

其二：吾在军中持法是也，至于小忿怒，大过失，不当效也。

曹操打仗作战很少承认自己的失误，例如把赤壁之败归结于疫病，归结于周瑜运气好，不肯自我做检讨。又如杀死华佗后，他的头痛病无人能治，但他不承认杀错了，反而说："即使华佗再世，也不一定能治好我的病。"直到曹冲夭折，悲痛万分，才责怪自己不该杀华佗。也许是人之将死，其言也善。这句令中，竟然承认自己在军中有小愤怒，有大过失，要求大家引以为戒，不要效仿。

其三：吾婢妾与伎人皆勤苦，使著铜雀台，善待之。于台堂上，安六尺床，下施穗帐，朝脯设脯糒之属。月旦、十五日，自朝至午，辄向帐中作伎乐。汝等时时登铜雀台，望吾西陵墓田。余香可分与诸夫人，不命祭。诸舍中无所为，可学作履组卖也。吾历官所得绶，皆著藏中。吾余衣裘，可别为一藏。不能者，兄弟可共分之。

这是《遗令》中最无关紧要的内容，也是最有趣、最有情义的内容，最能体现一位枭雄的柔软情怀。曹操一生行军打仗，可能很少有时间照顾家庭，特别是古代不被人尊重的婢妾仆人们。但曹操的最后时光，没有想着军国大事，没有念叨豪言壮语，没有遗憾"终为尘土"，而是于神志迷蒙中，惦记着这些默默陪伴他、侍奉他的卑微下人。还有那些琐碎之事，没用完的香料，没穿破的衣服，以及那些人们今后的营生……曹操一世豪情，金戈铁马；一生睿智，尔虞我诈。这些，都像这副躯壳，即将化为泥土，唯有这份柔软细微的性情，才是真的自己，自己的灵魂，化成一缕香，归于历史的案头。

曹操死后当年，太子曹丕继位，继而受禅登基，以魏代汉，追谥曹操武皇帝，庙号太祖。

曹操死后一千八百年来，对于他的褒贬之声从来没有平息过。

陈寿《三国志》赞他："太祖运筹演谋，鞭挞宇内，揽申、商之法术，该韩、白之奇策，官方授材，各因其器，矫情任算，不念旧恶，终能总御皇机，克成洪业者，惟其明略最优也。抑可谓非常之人，超世之杰矣。"

陆机："曹氏虽功济诸华，虐亦深矣，其民怨矣。"

习凿齿："魏武虽受汉禅晋，尚为篡逆。"

李世民："帝以雄武之姿，常艰难之运。栋梁之任，同乎曩时；匡正之功，异于往代。……观沉溺而不拯，视颠覆而不持。乖殉国之情，有无君之迹。"

刘知几："贼杀母后，幽逼主上，罪百田常，祸千王莽。"

苏洵："曹操有取天下之虑，而无取天下之量。"

王夫之："以操为早有擅天下之心者，因后事而归恶焉耳。"

赵翼："曹操以权术相驭，刘备以性情相契，孙氏兄弟以意气相投。"

黄摩西："魏武雄才大略，草创英雄中，亦当占上座；虽好用权谋，然从古英雄，岂有全不用权谋而成事者?"

鲁迅："曹操是一个很有本事的人，至少是一个英雄。我虽不是曹操一党，但无论如何，总是非常佩服他。"

"功首罪魁非两人，遗臭流芳本一身。"也许，这才是真正的曹操。

曹操年表

传统纪年	公元纪年	年龄	事迹	相关大事
汉恒帝永寿元年	155	1 岁	出生不久祖父曹腾去也	
延熹二年	159	5 岁		八月，桓帝联合宦官杀梁冀，从此宦官专政
延熹四年	161	7 岁		刘备出生
延熹九年	166	12 岁		第一次"党锢"
永康元年	167	13 岁		1.六月，兴"党锢之狱"，名士李膺等二百余人被罢归田里，禁锢终身 2.十二月，恒帝卒，灵帝即皇帝位，窦太后临朝
汉灵帝建宁元年	168	14 岁		九月，陈蕃、窦武谋诛宦官，反为宦官所害
建宁二年	169	15 岁		十月，第二次"党锢"，李膺死难
建宁四年	171	17 岁		正月，大赦天下，唯党人不赦
建宁五年	172	18 岁		七月，第三次"党锢"
熹平三年	174	20 岁	1.举孝廉为郎，稍后被司马防举荐为洛阳北部尉 2.棒杀大宦官蹇硕叔父蹇图	
熹平五年	176	22 岁		闰五月，诏各州郡清查党人门生，故吏，父子，兄弟，一律免官禁锢
熹平六年	177	23 岁	被任命为顿丘令，接着被征召为议郎	
光和元年	178	24 岁	因堂妹夫强漂侯宋奇被诛，从坐免官，归隐谯县	
光和二年	179	25 岁	纳卞氏为妾	
光和三年	180	26 岁	被朝廷征召，担任议郎	灵帝立何氏为皇后
光和四年	181	27 岁	上书为陈蕃、窦武理冤，灵帝之不理	诸葛亮出生
光和五年	182	28 岁	诏公卿以民谣检举害民之州刺史与二千石官，多有冤案，曹操上书谴责公卿举奏不实，蒙蔽圣听	孙权出生

传统纪年	公元纪年	年龄	事迹	相关大事
中平元年	184	30岁	1. 三月，任命曹操为骑都尉，救援皇甫嵩、朱俊，大破黄巾军于颍川 2. 升任济南相	1. 二月，黄巾起义爆发 2. 三月，大赦党人 3. 十一月，黄巾军主力被击败
中平二年	185	31岁	调任东郡太守、议郎，不就，归隐乡里	
中平四年	187	33岁	曹丕出生	
中平五年	188	34岁	1. 王芬、许攸谋废灵帝，拉拢曹操，被拒绝 2. 曹操被任命为西园新军典军校尉	1. 三月，朝廷接受刘焉建议，将州刺史改为州牧，各州开始割据 2. 八月，建西园新军
中平六年	189	35岁	1. 曹操拒绝与董卓合作，逃离洛阳 2. 十二月，曹操在陈留首起义军	1. 四月，灵帝卒，皇子刘辩即位，何太后临朝听政 2. 八月，大将军何进为宦官所杀，袁绍尽诛宦官 3. 九月，董卓胁迫何太后和朝臣废少帝，立陈留王为帝，是为献帝。自此，董卓擅政 4. 袁绍、袁术等逃离洛阳
汉献帝初平元年	190	36岁	1. 曹操与董卓将领徐荣在荥阳汴水作战，败 2. 曹操到扬州募兵，进驻河内	1. 正月，关东诸侯推举袁绍为盟主，讨伐董卓 2. 二月，董卓迫献帝迁都长安，尽焚洛阳城
初平二年	191	37岁	1. 曹操击败黑山军，袁绍表奏曹操为东郡太守 2. 荀彧投奔曹操	1. 二月，孙坚攻陷洛阳城，得到玉玺；同年攻打刘表，被暗箭射死 2. 七月，袁绍胁迫韩馥让冀州，自领冀州牧
初平三年	192	38岁	1. 春，击败黑山军于毒、眭固和匈奴军于夫罗 2. 被推举为兖州牧，大败黄巾军，组建"青州兵"，鲍信战死 3. 曹植出生	1. 四月，王允及吕布暗杀董卓 2. 李傕、郭汜反攻长安，杀害王允，吕布逃走
初平四年	193	39岁	1. 春，匡亭之战击败袁术 2. 夏，曹操父亲曹嵩被陶谦部将杀死 3. 秋，屠徐州	1. 袁谭攻打田楷，袁绍与公孙瓒争夺青州 2. 袁术南下占领扬州，杀扬州刺史陈温 3. 冬，公孙瓒击败刘虞，杀之 4. 孙策在丹阳募兵

传统纪年	公元纪年	年龄	事迹	相关大事
兴平元年	194	40岁	1. 再次攻打陶谦，并击败刘备援军 2. 夏，趁曹操攻打徐州，张邈、陈宫联合吕布夺取兖州，曹操回师，与吕布争夺兖州	1. 三月，马腾驻军霸上，进攻李傕，大败，逃回凉州 2. 陶谦死，刘备领徐州牧 3. 刘焉死，刘璋继任益州牧
兴平二年	195	41岁	1. 曹操击败吕布，重新占领兖州，吕布投奔刘备，张邈在投奔袁术途中被部下杀死 2. 十月，朝廷拜曹操兖州牧	1. 李傕、郭汜互相攻打，长安大乱 2. 七月，献帝东归 3. 孙策击破扬州刺史刘繇，占据丹阳和吴郡，威镇江东
建安元年	196	42岁	1. 二月，曹操击破汝南黄巾军，势力达到豫州 2. 八月，曹操奉迎献帝，迁都许都 3. 献帝任命曹操为司空、司隶校尉、录尚书事、行车骑将军，封武平侯 4. 曹操在许都开置屯田 5. 荀彧将郭嘉推荐给曹操	1. 袁术进攻刘备，吕布趁机入主徐州，刘备投奔曹操 2. 秋，孙策攻占会稽郡
建安二年	197	43岁	1. 正月，征战张绣，张绣降，曹操纳张绣之婶，张绣反，杀曹操长子曹昂、大将典韦，占领舞阴 2. 十一月，二次南征张绣，收复失地	1. 袁术称帝，建号"仲氏" 2. 孙策绝交袁术，朝廷拜孙策明汉将军，袭父乌程侯 3. 孙策大破吴郡太守陈瑀 4. 五月，吕布大败袁术 5. 九月，袁术到陈国抢粮，曹操亲征，击退袁术
建安三年	198	44岁	1. 三月，曹操三征张绣，久不能下；五月退兵 2. 九月，攻破下邳，杀吕布、高顺、陈宫	1. 朝廷令段煨攻杀李傕 2. 河内太守张杨被部下所杀 3. 朝廷封孙策武侯，周瑜、鲁肃回归孙策 4. 祢衡被黄祖杀死
建安四年	199	45岁	1. 令史涣、曹洪攻取河内郡 2. 夏，屯兵官渡，准备迎战袁绍 3. 张绣投降曹操，贾诩归曹	1. 袁绍攻灭公孙瓒，公孙瓒自焚，袁绍据有冀、幽、青、并四州，兵精粮足 2. 袁术病死 3. 刘备脱离曹操，占据徐州 4. 孙策袭取庐江郡，大败黄祖，平定豫章郡

传统纪年	公元纪年	年龄	事迹	相关大事
建安五年	200	46岁	1. 正月，衣带诏事泄，杀董承 2. 春，东击刘备，刘备投奔袁绍，关羽投降 3. 三月，官渡之战解白马之围；延津之战；十月，夜袭乌巢，火烧袁绍军粮，大败袁军	孙策遇袭死亡，弟孙权继位
建安六年	201	47岁	1. 四月，击败袁绍于仓亭 2. 九月，进击占据汝南郡的刘备，刘备投奔荆州刘表	
建安七年	202	48岁	九月，曹操渡过黄河，进攻袁谭	
建安八年	203	49岁		1. 五月，袁绍去世，袁尚继位，袁氏兄弟内乱，袁谭守黎阳，杀逢纪 3. 袁尚派郭援与高干协同南匈奴单于呼厨泉略取河东，马超打破之
建安九年	204	50岁	1. 二月，攻占邺城，领冀州牧 2. 杀许攸 3. 十二月，进攻袁谭	
建安十年	205	51岁	1. 袁谭兵败战死 2. 黑山军张燕降曹	
建安十一年	206	52岁	正月，征高干；三月攻克壶关，平定并州，高干投奔刘表途中被杀	
建安十二年	207	53岁	1. 讨伐三郡乌桓，杀乌桓首领 2. 郭嘉病逝	1. 辽东太守公孙康杀袁尚、袁熙 2. 刘备三顾茅庐，得诸葛亮
建安十三年	208	54岁	1. 六月，废除"三公九卿"制，出任丞相 2. 杀孔融 3. 南下进攻荆州，刘琮投降，刘备南逃 4. 于长坂坡大败刘备，刘备奔江夏，依靠孙权 5. 赤壁之战，周瑜大败曹操 6. 孙权亲率十万大军围合肥	1. 马腾入朝 2. 益州别驾张松受到曹操冷落，劝刘璋结交刘备

传统纪年	公元纪年	年龄	事迹	相关大事
建安十四年	209	55岁	1. 扬州别驾蒋济解合肥之围 2. 张辽、李典、乐进驻军合肥	周瑜围攻江陵一年多，曹仁退走，东吴占领江陵
建安十五年	210	56岁	1. 春，发布《求贤令》，下令唯才是举 2. 冬，在邺城修建铜雀台 3. 作《让县自明本志令》	周瑜病逝，鲁肃接替周瑜
建安十六年	211	57岁	1. 正月，曹丕为五官中郎将，为丞相副 2. 七月，曹操亲征关中；九月，大破马超等关中十将，马超逃奔西凉；十二月，还师，留夏侯渊驻守长安	刘璋请求刘备入川进攻张鲁，刘备驻兵葭萌，在当地树恩立德，收买人心，准备夺取益州
建安十七年	212	58岁	1. 一月，献帝赐曹操赞拜不名、入朝不趋、剑履上殿 2. 五月，诛杀马腾，夷三族 3. 十月，曹操南征孙权，荀彧卒	1. 九月，孙权迁都秣陵，改名建业 2. 九月，吕蒙在濡须水口建濡须坞 3. 十二月，刘璋发现张松私通刘备，杀张松，刘备南下攻益州
建安十八年	213	59岁	1. 正月，率大军进攻濡须口，相持一个多月，无法取胜，感叹"生子当如孙仲谋"，退兵 2. 五月，封魏公，加九锡，魏国设立官职、机构 3. 曹操进献三个女儿入宫	1. 献帝下诏恢复古九州 2. 马超被杨阜打败，投奔汉中 3. 刘备进攻益州，刘璋连败
建安十九年	214	60岁	1. 三月，献帝宣布魏公位在诸侯王之上，配金玺、赤绂、远游冠 2. 闰五月，孙权夺取皖城；七月，曹操率军南征孙权，无功而返，荀攸卒 4. 十月，幽闭伏寿皇后，杀两皇子 5. 十二月，献帝诏命曹操设置"旄头"，宫殿设置"钟虡"	五月，刘璋投降刘备，刘备自领益州牧；马超投奔刘备

传统纪年	公元纪年	年龄	事迹	相关大事
建安二十年	215	61岁	1. 三月，进攻汉中张鲁；七月，入南郑；十一月，张鲁投降 2. 八月，第二次合肥之战，张辽大胜孙权	1. 正月，献帝立曹操次女曹节为皇后 2. 孙权、刘备以湘江为界，平分荆州
建安二十一年	216	62岁	1. 五月，晋爵魏王，赐崔琰死 2. 七月，扣留南匈奴单于，分南匈奴为五部	五月，裴潜抚定乌桓
建安二十二年	217	63岁	1. 正月，率军进军居巢，进攻孙权，孙权请和；三月还师 2. 四月，献帝诏令曹操设天子旌旗，出入依天子礼，称"警跸" 3. 十月，献帝命曹操王冕用十二旒，备天子乘舆；曹丕被确定为魏太子	1. 刘备进攻汉中 2. 鲁肃病故 3. 北方瘟疫，建安七子中陈琳、王粲、应场、刘桢、徐干死于这场瘟疫
建安二十三年	218	64岁	七月，西征刘备；九月，至长安	1. 曹洪在武都破刘备部属吴兰、张飞军 2. 四月，曹彰平叛代郡乌桓 3. 刘备进军阳平关 4. 十月，宛城守将侯音反，曹仁前往围剿
建安二十四年	219	65岁	1. 三月，进军汉中；五月，放弃汉中 2. 七月，立卞夫人为皇后 3. 秋，杀杨修	1. 正月，夏侯渊定军山战死 2. 五月，刘备攻占房陵、上庸 3. 七月，刘备自称"汉中王" 4. 八月，关羽围攻襄阳、樊城 5. 十月，徐晃救援襄、樊成功，关羽败退 6. 吕蒙白衣渡江，占领荆州，关羽被杀；吕蒙病卒
建安二十五年	220	66岁	1. 正月，曹操还洛阳，病卒 2. 二月，曹操被葬于高陵 3. 十月，献帝禅位于曹丕，魏朝建立 4. 十一月，曹丕追谥曹操为武皇帝	